最初からそう教えて
くれればいいのに！

山本特許法律事務所
弁護士 三坂和也 著
弁護士 井髙将斗 著

著作権の
ツボとコツが
ゼッタイにわかる本

秀和システム

令和6年1月1日施行の法改正について

本書サポートページの「●令和6年1月1日施行の法改正について」で法改正による「条文」の差し替えに伴う、第1章第6節の内容を微修正ほか、令和6年3月15日に文化審議会著作権分科会法制度小委員会が「AIと著作権に関する考え方について」を公表したことを受けた、第5章第2節、第3節、第4節の情報をアップデートした表 (PDF) を提供しています。ご参照ください。

https://www.shuwasystem.co.jp/support/7980html/7062.html

はじめに

　著作権侵害といえば、他人の音楽を真似して自分の曲として発表すること、2020年東京オリンピック公式エンブレムで疑惑となったように他人のデザインを真似て作成すること、他人の小説を盗作することなどを思いつくかもしれません。著作権法は、創作的な表現（文芸、学術、美術または音楽の範囲に属するもの）を保護することで、著作権者等の保護を図り、文化の発展に寄与することを目的とした法律です（著作権法1条）。そのため、多くの方が、著作権の問題は、音楽、デザイン、絵画、小説など、芸術的な要素を持ったものを扱う際に注意することをイメージされると思います。

　しかし、2021年9月、デジタル庁の公式サイトにて、他社が無断転載を禁止している画像を使用した資料が掲載されていたことがニュースで問題となりました。この件で、デジタル庁のウェブサイトは一時非公開となるとともに、事務方のトップが謝罪する事態となりました。この件は、他社の画像の無断転用ということですので、著作権侵害の問題となります。官公庁の、しかも「デジタル庁」というインターネット上の資料の取り扱いに精通しているはずの組織でも無意識に著作権侵害の問題を引き起こしてしまう事態となりました。そのため、普段からウェブで使用するためのコンテンツを作成する業務をしている方が、著作権のツボとコツを十分に理解しておく必要性があります。

　本書は、そのような方が著作権のツボとコツを手軽に理解できるようにするために、第1章において、そもそも著作権とは何かというところから解説したうえで、第2章から第4章において、情報発信する場面を❶文章、❷写真・画像、❸音楽・動画の3つに分け、それぞれにおける具体的な問題をQ&A形式で回答していくという構成で解説しております。各節の回答の最後に「まとめ」を記載しています。

　本書によって、ウェブで使用するためのコンテンツを作成する仕事をしている方が著作権を理解したうえで、安心、安全に業務を行っていただければ幸いです。

最初からそう教えてくれればいいのに！

著作権のツボとコツがゼッタイにわかる本

Contents

第3章　ウェブやSNSでの写真・画像による情報発信と著作権

第4章 ウェブやSNSでの音楽・動画による情報発信と著作権

第5章　著作権のその他のトピック

第1章 ビジネスにおいて著作権の知識がなぜ必要か

1 ビジネスで著作権が問題となる場面とは？

ウェブのコンテンツを作成する上で著作権には注意をした方がいいの？

もちろん注意したほうがいいよ。文章やイラストをそのまま仕事の資料に使用することは著作権法上問題だし、一部変更して使用したとしても**翻案権**という著作権侵害に当たってしまう危険があるよ

そもそも何が「著作物」になるの？

　著作物は、著作権法において、「**思想または感情を創作的に表現したものであつて、文芸、学術、美術または音楽の範囲に属するものをいう**」と定義されています（著作権法2条1項1号）。具体例としては、❶小説、脚本、論文などの文章、❷音楽や動画（映画、アニメなど）、❸舞踊や劇、❹絵画、版画、彫刻、建築などのデザイン、❺地図や図面、❻写真、❼プログラムなどが著作物に該当します。ただし、これらの具体例に該当したとしても、「思想または感情を創作的に表現したもの」ではないもの（「創作性がない」といいます。）は著作物にあたりません。例えば、「昨日、銀座で強盗が見かけた！怖かった！」という文章は単なる事実を記載したもので、表現に創作性がないため、著作物とはいえません。また、著作物の対象となるものはあくまで「表現」ですので、アイデアのみを盗作したとしても、表現が異なっており、後で説明する「翻案」に該当しなければ著作権侵害にはなりません。さらに、個性や創作性のない工業製品は、著作物に該当しないと考えられており、工業製品のデザインは、意匠法という別の法律で保護されます（第1章第4節参照）。

どのような行為が著作権侵害となるの？

●「著作権」

　著作権法には、「著作権」と「著作者人格権」という二つの権利が定められています。このうち、「著作権」とは、著作者の経済的利益を保護するために、他人に勝手に著作物を利用されることを禁止できる権利です。そのため、著作権のことを「著作財産権」と呼ぶ人もいます。他人による著作物の「利用」には複数の行為が含まれており、他人に対して禁止できる行為は、大きく分けると以下の４つです。

❶複製 (コピーやデータのダウンロードなど)
他人の著作物を無断で印刷、撮影、複写、録音、録画などする行為を著作権者に無断で行うことはできません。画像、音楽、動画などをパソコンにダウンロードする行為も複製に該当します。例えば、購入した書籍や雑誌をスキャンして、社内でデータとして回覧する行為は無断複製に該当し著作権侵害となります（第２章第６節参照）。

❷公衆への発信 (上演、演奏、インターネットでの公開、展示など)
公衆に向けて音楽を演奏したり、録音物を再生したり、映画を上映したり、他人の著作物をインターネットで公開したり（「公衆送信」といいます。）、展示する行為は著作者に無断で行うことはできません。例えば、他人の著作物となる文章を無断でインターネットで公開する行為は原則として著作権侵害となります。

❸他人への譲渡、貸与
他人の著作物や著作物の複製物を他人に譲渡したり、貸与したり行為は禁止されています。ただし、古本を売却する行為など、いったん市場で購入した著作物を他人に譲渡することは適法とされています。この

ことは、一度正規に市場に出ると、譲渡権が消滅するという意味で、「権利が消尽する」といいます（著作権法26条の2第2項1号）。

❹二次的著作物の創作、利用

他人の著作物を翻訳、変形、翻案などして二次的著作物を作成する行為と、創作した二次的著作物を公開したり、譲渡したりする行為は禁止されています。これらのうち「翻案」とは、既存の著作物を原案として、その著作物の表現上の本質的な特徴を維持しつつ、新たな別の著作物を創作する行為を指します。著作物の表現上の本質的な特徴を維持しているか否かという判断は個別の事案ごとに判断されます。例えば、漫画「スラムダンク」の翻案というためには、高校生の不良が主人公のバスケットボールのストーリーの漫画を描いただけでは翻案とは言い難く、赤髪リーゼントの主人公、ゴリと呼ばれるキャプテン、クールでイケメンのエースなどが記載されて、一般的な読者からみて表現上の本質的な特徴が維持されているといえる場合に「翻案」に該当することになります（第2章第2節参照）。

　著作権を持っている人は、他人が上記のような行為を行うことを禁止することができる権利をもっており、そのような権利をそれぞれ、**複製権、公衆送信権、上演権、演奏権、上映権、譲渡権、貸与権、二次的著作物創作権（翻訳権、翻案権など）、二次的著作物利用権**などといいます。そのため、著作権は、細かい権利の束という風に言われています。

●「著作者人格権」

　著作権法上、「著作権」のほかに「著作者人格権」という権利が定められています。著作者人格権とは、著作物の著作者が作品に対して持つ思い入れや名誉権等の著作者個人の利益を保護する権利です。具体的には、❶著作物について無断で公表されないことを要求できる**公表権**、❷著作物に名前を表示するかどうか、名前を表示する場合に実名を表示するかどうかを決める

権利である**氏名表示権**、❸著作物を無断で改変されない権利である**同一性保持権**です。著作者人格権は、著作者個人に帰属し、著作権（著作財産権）と違って誰かに譲ることができない権利です。このことを、「一身専属性」があるといいます。そのため、著作権を譲り受けて著作物を使用したとしても、著作者から著作者人格権に基づいて権利主張されるリスクがあるので要注意です。

▼著作権まとめ

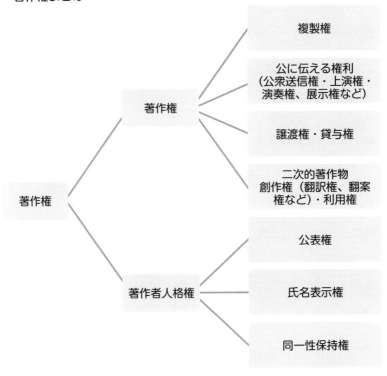

●著作隣接権など

音楽や演劇などに関する著作物については、それを演じる歌手、演奏家、俳優などの実演家に対しても**著作隣接権**という権利が認められます。音楽や映像などの著作物が世に広まり、文化が発展していくためには、著作物を作る人だけでなく、それを世の中に広めてくれる人達の存在も重要です。例

えば、実演家が演奏等をしている著作物について、❶録音・録画、❷テレビ等での放送、❸インターネットへのアップロード、❹譲渡、❺レンタルを行う際に、著作物を作った人の許可に加えて、実演家の許可を得る必要があります。また、実演家の方は、自分が実演した作品（CDやDVDなど）がテレビで放送されたり、レンタルされた場合に報酬を得る権利があります。また、実演家には、著作者人格権と同様に**実演家人格権**も認められます。具体的には、実演家として氏名を表示する「氏名表示権」と自分の実演を無断で改変されない「同一性保持権」があります。

　CDや音楽データなどの音源を制作する人（レコード制作者）に対しては著作隣接権として**原盤権**という権利が認められます。例えば、ある音楽を作曲した作曲家には「著作権（著作財産権）」と「著作者人格権」が認められ、その曲を実演したミュージシャンに対しては「著作隣接権」と「実演家人格権」が認められ、その音源を最初に録音して原盤を作成したレコード会社には「原盤権」が認められます。そのため、楽曲を販売するためには、作曲家、ミュージシャン、レコード会社の三社間の合意が必要となり、楽曲の収益は、契約内容に基づき、それぞれの権利に基づいて分配されます。少し細かい話ですが、音源（レコード）の制作者には演奏権（公で楽曲を流す権利）というものが存在せず、CDなどを店舗で流して使用する際には、作曲者や実演家の許可は必要ですが、レコード制作者の許可は不要です。

　その他、テレビやラジオ、ケーブルテレビ事業者などの放送事業者に対しても著作隣接権が認められます。例えば、テレビ放送されたアニメを録画して無断でインターネットで公開した場合には、アニメの著作権を侵害するだけではなく、放送事業者の著作隣接権を侵害することになります。

▼実演家の著作隣接権

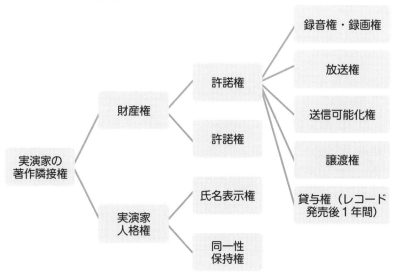

▼レコード制作者の著作隣接権

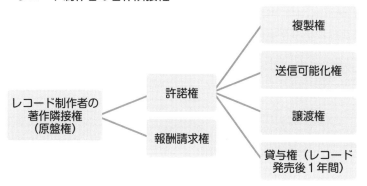

▼放送事業者の権利

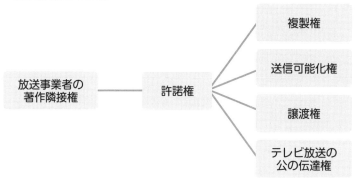

まとめ

　著作権法には、著作権、著作者人格権、著作隣接権などの権利が定められており、それぞれの権利は複製権、譲渡権、公衆送信権などに細かく分かれます。そのため、著作権は、権利の束と言われたり、複数の実を持つぶどうの房に例えられることがあります。

用語の解説

公衆送信：著作権法2条1項7号の2は、「公衆送信」について、「公衆によって直接受信されることを目的として無線通信または有線電気通信の送信（電気通信設備で、その一の部分の設置の場所が他の部分の設置の場所と同一の構内（その構内が二以上の者の占有に属している場合には、同一の者の占有に属する区域内）にあるものによる送信（プログラムの著作物の送信を除く。）を除く。）を行うことをいう。」と定義しています。

消尽：著作権者自身またはその許諾を得た者が、著作物の原作品または複製物を販売等の方法によりいったん市場の流通におくと、以後の譲渡には譲渡権が及ばないことをいいます。

翻案：既存の著作物に依拠し、かつ、その表現上の本質的な特徴の同一性を維持しつつ、具体的表現に修正、増減、変更等を加えて、新たに思想または感情を創作的に表現することにより、これに接する者が既存の著作物の表現上の本質的な特徴を直接感得することのできる別の著作物を創作する行為をいいます。

▼著作権法2条1項1号

（定義）

第2条　この法律において、次の各号に掲げる用語の意義は、当該各号に定めるところによる。

　1　著作物　思想又は感情を創作的に表現したものであつて、文芸、学術、美術又は音楽の範囲に属するものをいう。

▼著作権法26条の2第2項1号

（譲渡権）

第26条の2　著作者は、その著作物（映画の著作物を除く。以下この条において同じ。）をその原作品又は複製物（映画の著作物において複製されている著作物にあつては、当該映画の著作物の複製物を除く。以下この条において同

じ。）の譲渡により公衆に提供する権利を専有する。

2 　前項の規定は、著作物の原作品又は複製物で次の各号のいずれかに該当するものの譲渡による場合には、適用しない。

　　1 　前項に規定する権利を有する者又はその許諾を得た者により公衆に譲渡された著作物の原作品又は複製物

1

著作物の利用許諾は誰からもらえばいいの？

他人の著作物を利用したい場合、利用許諾は誰からとればいいの？

著作物の利用許諾は、著作権者からとる必要があるよ。でも著作権者といっても、「職務著作」に該当すれば、会社から許諾を得る必要があるし、「共同著作」に該当すれば、著作権者全員から許諾を得なければいけないし、「二次的著作物」に該当する場合は、原作の著作権者と二次著作権者双方から許諾を得なければいけないよ。これに加えて、改変等して利用する場合には、著作者人格権を持っている人からも許諾を得る必要があるよ

著作権は誰に帰属するの？

　著作物を複製したり、公衆に公開したりするためには、「著作権者」から許諾を得る必要があります。それでは、著作権は誰に帰属するのでしょうか。

　大前提として、著作権は、著作物を創作した人に帰属します。そして著作権のうち、著作者人格権以外の権利は他人に自由に譲渡することができるため、著作権を譲り受けた人が最終的な著作権者となります。他方で、著作者人格権は、他人に譲り渡すことができない権利なので、著作物を創作した人に帰属します（第1章第1節参照）。例えば、ブログの規約などで、ブログの記事の著作権をブログを運営する会社に譲渡するという内容になっていた場合、ブログの記事の著作権はブログを運営する会社に帰属することに

なります。他方、著作者人格権は譲渡することができないので、ブログの記事を執筆した著作者に帰属することになります。そのため、ブログの運営会社の許諾を得て記事を転用した場合であっても、作者の氏名を表示しなければ、作者から著作者人格権を行使され、「氏名を表示せよ！」と要求されることがあります。

　ただし、通常は、利用規約によって、会社が利用を許諾した人に対して著作者人格権を行使できなくなっていることが一般的です。この場合には、著作権者から許可を得ることで著作物を自由に利用できることになっているので、別途著作者人格権を持つ人から許可を得る必要はありません。

1

　会社の内部で、従業員が、会社の指示で文章やデザインなどの著作物を作成した場合は、**職務著作**と呼ばれ、著作権も著作者人格権も会社が保有します（第2章第8節参照）。そのため、**職務著作**については、会社から利用許諾を得れば、許諾の範囲内で使用することが可能です。

　一つの著作物を共同で創作したものを「共同著作物」といいます。例えば、バンドのメンバーがメンバー全員で楽曲を作詞・作曲した場合、楽曲は共同著作物となります。共同著作物の場合は、メンバー全員から許諾を得なければいけません。

　既存の著作物（原作）をもとに創作された新たな著作物を「二次的著作物」といいます。例えば、小説をもとに映画化がされた場合、小説が「一次的著作物（原作）」、映画が「二次的著作物」に該当します。この場合、映画の著作権者は、小説の作家から許諾を得て映画を作成していることになるのですが、契約内容で、映画の著作権者が自由に第三者に利用許諾をできる内容になっていない場合は、第三者が映画を利用するためには、二次的著作物の著作権者の許諾のみならず、一次的著作物の著作権者の許諾も必要です。

著作権はどのくらいの期間守られるの？

　著作権、著作者人格権、著作隣接権にはそれぞれ保護期間が決まっています。

　著作権については、著作者が判明していてそれが実名（または一般に知られるペンネーム）の個人である場合は著作物が公表・公開されてから著作者の生存期間中と著作者の死亡した年の翌年の1月1日から70年間権利があります。著作者が不明な場合や、団体（法人）名義の場合は、著作物が公表・公開された年の翌年の1月1日から70年間権利があります。

　著作者人格権は、著作者の思い入れや名誉を守るための個人的な権利ですので、著作者の生存期間中に権利が有効であり、死亡とともに消滅し、相続されることはありません。職務著作で会社（法人）が著作者人格権を有する場合は、会社が解散などで消滅しない限り著作者人格権は残ります。なお、著作権法60条には、「著作物を公衆に提供し、または提示する者は、その著作物の著作者が存しなくなった後においても、著作者が存しているとしたならばその著作者人格権の侵害となるべき行為をしてはならない。」と規定されており、著作者が亡くなった後であっても、著作物を無断で改変するような行為は、同一性保持権（著作者人格権の一つ）を侵害するおそれがあり、危険です。

　著作隣接権については、実演家の権利は実演を行った日から、レコード制作者の権利はレコード発行が行われた日から発生し、その日の翌年の1月1日から70年間保護されます。放送事業者の権利は、放送が行われた日の翌年の1月1日から50年間保護されます。

まとめ

　著作権は、原則として著作物を創作した人に帰属しますが、職務著作に該当する場合は会社に帰属することになります。著作権の保護期間は、自然人の著作物は著作者の死亡した年の翌年の1月1日から70年間、法人の著作物は著作物が公表・公開された年の翌年の1月1日から70年間権利があります。

▼著作権法60条

（著作者が存しなくなつた後における人格的利益の保護）

第60条　著作物を公衆に提供し、又は提示する者は、その著作物の著作者が存しなくなつた後においても、著作者が存しているとしたならばその著作者人格権の侵害となるべき行為をしてはならない。ただし、その行為の性質及び程度、社会的事情の変動その他によりその行為が当該著作者の意を害しないと認められる場合は、この限りでない。

3 著作物に ⓒ や "Copyright Reserved" の記載は必要なの？

本やイラストに ⓒ や "Copyright Reserved" というマークがあるけれど、あれは著作権が登録されていることを示しているの？

著作権は、特許権、実用新案権、商標権、意匠権と違って、登録をしなくても権利が発生するよ。ⓒ や "Copyright Reserved" は国がお墨付きを与えているわけではなく、著作者が著作権を有していることをアピールするためにつけたものだよ

ⓒ や "Copyright Reserved" とは？

ⓒは「Copyright（著作権）」の頭文字を記載したマークで、ⓒの後に記載された名前の人が権利を有しているとの表示になります。著作権者名および最初の発行年とともにⓒを使う場合が多いです（例：ⓒ2023 Kazuya Misaka）。もっとも、ⓒと氏名の記載があるからといって、文化庁がその人が著作権者であることにお墨付きを与えたというわけではありません。ⓒがなくとも著作物として保護されないわけではなく、単に、著作権を持っている人が、「自分が著作権者である！」ということを外部にアピールするための表示ということになります。「Copyright Reserved」という表示も同様です。

なお、ⓒに類似するマークとして®マークがありますが、これは、「Registered Trademark」という意味であり、「登録された商標」であるこ

とを示す記号です。®マークも同様に、®マークを付けなければ商標権を行使できないという意味はなく、登録された商標権を有している人がそのマークが登録された商標であることを外部にアピールし、悪用されることを防ぐ意味合いで付けています。また「TM」というマークは「Trademark」の略であり、「商標」という意味を有しています。「TM」については、商標出願を行っているけれどまだ登録されていない段階でも付けることができます。

著作権侵害をした人が「知らなかった」という言い訳はできる？

著作権侵害について知りながら行った（故意がある）、あるいは、不注意で知らなかった（過失がある）人に対しては、著作権侵害について損害賠償請求を行うことができます。他人の作品であることは認識していたが、著作権が存在しないと思ったという反論はおよそ成り立ちませんので、著作権を侵害した人が「過失がなかった」と反論することは困難です。そのため、他人の著作物を利用したいと思っても、©や "Copyright Reserved" のマークがないからといって、その著作物が著作権で守られていない、自由に利用してよいのだと判断することは誤りです。

まとめ

©や "Copyright Reserved" の記載自体は何らかの権利を付与するものではありませんが、その作品について自分が著作権を持っていることのアピールになります。もっとも、©や "Copyright Reserved" がないからと言って、著作権侵害について故意や過失がなかったと反論することは困難です。

4 著作権は、意匠権や商標権とどう違うの？

商品の名前やデザインなども著作権で保護されるの？

いや、商品やサービスの名前や、大量生産されている工業製品のデザインは原則として著作権では保護されず、商品やサービスの名前は商標法で、工業製品のデザインは意匠法で保護されるよ

商標権との違いは？

　商標権とは、商品やサービスの名称やマークに対する権利です。商標は、著作権と異なり、「文化の発展に寄与」することを目的としておらず、会社や商品、サービスのブランド価値を守ること、それによって産業を発展させること、需要者の利益を守ることを目的としています。

　著作物として保護されるためには、「思想または感情を創作的に表現したものであって、文芸、学術、美術または音楽の範囲に属するもの」であることが必要なので、会社名、商品・サービス名などは美術鑑賞の対象というよりは、実用目的で使用されるものであることから、その名称が独創的なものであったとしても、美術の範囲に属する著作物には該当しない場合が多いです。そこで、商標として特許庁に登録することで、会社名や商品・サービス名を半永久的に保護できます（登録料の納付と10年ごとの更新は必要）。商標は、会社名や商品・サービス名以外にも、ロゴや図形でも登録することができます。なお、商標は、商品やサービスと組み合わせて登録されるもの

であり、登録されていない商品やサービスは、商標権で保護されていません。また、商標では、継続して3年間、登録した商品やサービスに使用していない場合は、「不使用取消審判」という手続を経て、使用していない商品やサービスについて登録が取り消されてしまいます。

意匠権との違いは？

　意匠権は、工業製品のデザインを守る権利です。第1章第1節で、大量生産される工業製品のデザインは一般的に著作物に該当しないと述べました。このような著作権では保護されない工業製品のデザインを保護するために、デザインについて特許庁に出願し、審査を受け、登録されることで意匠権という権利を得ることができます。

　例えば、携帯電話やノートパソコン、自動車、家電製品など、身の回りにある多くの工業製品だけでなく、小さな部品や建築構造材、産業機械など様々なもののデザインが意匠権によって保護されています。登録された意匠は出願日から最長25年間保護されます（平成19年4月1日から令和2年3月31日までの出願は設定登録の日から最長20年間、平成19年3月31日以前の出願は設定登録の日から最長15年間）。ただし、工業製品のデザインはどんなデザインであっても保護されるわけではなく、今までにない新しいデザインであること（新規性）、誰もが簡単に思いつくような単純なものでないこと（創作非容易性）が必要です。なお、工業製品であっても、実用目的を達成するために必要な機能にかかる構成と分離して、美的鑑賞の対象となり得る美的特性である創作的表現を備えている部分を把握できるものについては、著作権で保護されますが（知財高判令和3年12月8日裁判所HP参照（令和3年（ネ）10044号））、こうした部分を把握できる場合はごく限られています。

まとめ

　商品やサービスの名称やマークは著作権ではなく、商標権として保護されます。商標権は更新を行えば永続的に保護される権利ですが、商品やサービスと紐づいた権利です。工業製品のデザインは意匠権で保護されます。工業製品のデザインであれば一切著作権で保護されないというわけではないのですが、当該デザインが著作権で保護される場合は限定的です。

5 SNSの利用規約はどんなことが書いてあるの？

SNSの利用規約って長くて読んだことがないよ。どんなことが書いてあるの？

SNSの利用規約には、SNSのコンテンツが誰に帰属するかについて記載されていることに加え、SNSのコンテンツが著作権や商標権などを侵害している場合の手続などについて記載されていて、とても重要だよ

1

SNSの利用規約の内容

　SNSの利用規約には、SNSの利用やコンテンツの内容に関する様々なことが規定されていますが、著作権に関して言えば、SNSのコンテンツの著作権が誰に帰属するかが規定されているほか、SNSのコンテンツを利用する際のルールが記載されています。SNSのコンテンツの内容に著作権侵害があった場合の手続なども記載されています。

　例えば、X（旧Twitter）の利用規約では「ユーザーは、本サービス上にまたは本サービスを介して、自ら送信、投稿、または表示するあらゆるコンテンツに対する権利を留保するものとします。ユーザーのコンテンツはユーザーのものです。すなわち、ユーザーのコンテンツ（他のコンテンツに組み込まれたユーザーの音声、写真および動画もユーザーのコンテンツの一部と考えられます）の所有権はユーザーにあります。」と規定されており、コンテンツの権利はユーザーが有することを明示しています。そのうえで、ユーザーはコンテンツの権利について、X社に複製や**公衆送信**する権限など著

作権のほぼすべての権利を無償でライセンスしています（第2章第7節参照）。同様にInstagram、Facebook、YouTubeについても、利用者のコンテンツについては利用者が権利を有することが明記されており、利用者から会社に対してコンテンツの利用権限が無償でライセンスされています。

　日本のアメブロや、FC2ブログなどのサービスも、コンテンツの著作権は利用者帰属となっており、コンテンツ自体の著作権がコンテンツの作成者に帰属することは標準的な運用となっています。そのため、SNSの記事を引用して投稿する場合は、著作者としてコンテンツを作成した人の氏名を明示して引用する必要があり（著作者人格権の氏名表示権　第1章第1節参照）、X社やFacebook社なといった会社名のみを明示する方法では不十分です。

自分の著作物が侵害された場合は？

　X、Instagram、Facebookともに、投稿するコンテンツが著作権を侵害する行為を禁止していますので、自身の著作権が侵害された場合の手続が利用規約で規定されています。例えば、Xの利用規約では、著作権侵害のコンテンツについて、「当社は、当社のユーザー契約に違反しているコンテンツ（著作権もしくは商標の侵害その他の知的財産の不正利用、なりすまし、不法行為または嫌がらせ等を行うコンテンツなど）を削除する権利を留保します。」と規定するとともに、侵害を通告する際の申告先が規定されています。自身の著作権の侵害行為が発覚した場合は、まず、侵害行為のスクリーンショットを保存したのちに、当該申告先に違反申告を行うとよいでしょう（第1章第6節参照）。

　ここで注意をしなければいけないのは、著作権が侵害されていないにもかかわらず、侵害しているといって違反申告を行い、相手の記事などが削除されてしまうと、今度は逆に虚偽の申告に基づいて記事等の削除を行わせ

たということで、相手から損害賠償請求がなされる危険があることです。特に、アマゾンや楽天などのECサイトで違反申告を行い、商品の出品が停止されてしまった場合、相手の損失も大きいため、損害賠償請求をされる危険が高まります。違反申告を行う場合は軽い気持ちで行わず、弁護士に相談するなどして慎重に行うようにしましょう。

まとめ

SNSの利用規約には著作権が誰に帰属しているか、SNSの記事を使用する際のルール、SNSの投稿が著作権を侵害している場合の手続など有益な情報が記載されています。SNSの投稿を利用する際は事前に確認しておきましょう。

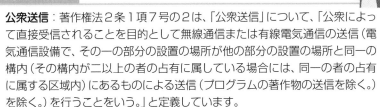

用語の解説

公衆送信：著作権法2条1項7号の2は、「公衆送信」について、「公衆によって直接受信されることを目的として無線通信または有線電気通信の送信（電気通信設備で、その一の部分の設置の場所が他の部分の設置の場所と同一の構内（その構内が二以上の者の占有に属している場合には、同一の者の占有に属する区域内）にあるものによる送信（プログラムの著作物の送信を除く。）を除く。）を行うことをいう。」と定義しています。

自分の写真、文章を無断で使用された。止めさせる方法は？

自分の写真や文章が他人のブログで無断使用されていたんだけどどうすればいいの？

まずは著作権侵害があったことの証拠を保存しよう。著作権侵害があった投稿の画面をスクリーンショットで保存しておくといいよ。そのあとは投稿した本人に直接コンタクトをとるか、SNSなどのプラットフォームの違反申告窓口に申告を行うといいよ

著作権侵害がされたときに主張できる権利

著作権侵害がなされたときに主張することができる権利は、❶「お金を払え。」という損害賠償請求権（または不当利得返還請求権）、❷「無断利用を止めろ。削除せよ。」という差止請求権です。さらに、著作者人格権が侵害されたとして、❸「謝罪文を掲載せよ。」という名誉回復等の措置請求権も主張できます。また、著作権侵害は刑法上の犯罪行為にも該当するため（10年以下の懲役または1,000万円以下の罰金）、警察に被害届を提出して、刑事責任を追及することができます。ただし、個人の著作権侵害事件などは、他の事件と比較して軽微な事件と判断されることがあり、被害届を出しても警察がきちんと捜査をしてくれるかについてはハードルが高いです。

それでは、実際に自分の文書や写真などが他人に無断で使用されていたときはどのようにすればよいでしょうか？　まずは、いきなり相手に連絡する前に、著作権が侵害されていることの証拠を保存しましょう。インター

ネット上で公開されていれば、スクリーンショットを保存しておくことが有効です。そのうえで、実際に著作権が侵害されているか否かを判断する必要があるのですが、著作権侵害があったと裁判所に認めてもらうためには、著作物が類似していること（**類似性**）に加えて、相手が既存の著作物を知り、その表現形式を素材として使用していること（**依拠した**といいます。）を立証する必要があります。しかし、依拠したか否かは相手方の内心の話ですので、直接的な立証は困難です。そのため、実際は依拠性の存在を推認させる事実を積み重ねて立証していくことになります。例えば、作品が類似しているという事実や類似の程度が高いという事実は依拠したことを推認する事実になりますし、文章であれば、同じ箇所に同じ誤字や脱字があることなど作品が持つ特徴が一致していることも依拠したことを推認する事実となります。

　実際に著作権侵害があったと判断できる場合、記事や投稿などの削除が目的であれば、❶直接本人に連絡をするか、❷ＸやInstagram、Facebookなどの SNS の利用規約に記載された申告手続に沿って侵害申告を行うのがよいでしょう（第１章第５節参照）。

　ここで注意をしなければいけないのが、著作権を侵害していないにもかかわらず、侵害しているといって違反申告を行い、相手の記事などが削除されてしまうと、今度は逆に虚偽の申告に基づいて記事などの削除を行わせたということで、相手から損害賠償請求がなされるリスクがあることです。実際には著作権侵害を行っているように見えても、上記のとおり、裁判で認められるためには類似性や依拠したことを立証していかなければいけませんし、「引用」（第２章第１節参照）や「写り込み」（第３章第６節参照）など合法的な方法で使用していたり、SNS の利用規約で認められた使用をしている場合（第１章第５節参照）もあります。著作権侵害の判断は弁護士に相談するなどして、慎重に判断しましょう。

　SNS の申告手続を利用せずに、直接相手に通知を行う方法で、削除を求

めることもできます。内容としては、「あなたが、2023年10月1日にXに投稿したイラストは、私が著作権を有するイラストですので、投稿を速やかに削除してください。」などと連絡すればよいでしょう。相手が削除に応じず、しかも匿名の場合は、「プロバイダ責任制限法」という法律に基づいて、プロバイダに対し、投稿者の情報の開示を請求することができます。プロバイダには、SNSやブログなどを運営するコンテンツプロバイダ（X社やMeta社などもコンテンツプロバイダです。）と、インターネットサービスを提供するインターネットプロバイダ（インターネットを提供する会社（niftyやOCNなど）や携帯電話会社（ドコモ、au、ソフトバンクなど）です。）があります。開示請求を行う場合、まずはコンテンツプロバイダからIPアドレスの開示を受け、次に、開示されたIPアドレスをもとにインターネットプロバイダから登録者の情報の開示を受ける必要があります。

　注意が必要なのが、インターネットプロバイダが保有するアクセスログの保存期間は約3～6か月となっているため、コンテンツプロバイダでのIPアドレスの取得までに時間がかかってしまうと、アクセスログが消去されて投稿者が特定できなくなってしまいます。特に、X社やMeta社など外国の企業相手からIPアドレスの開示請求を行うことには時間がかかるため、投稿者を特定するためには、投稿から遅くとも2週間以内にはIPアドレスの開示請求の手続をとる必要があります。

　なお、2022年10月27日に改正プロバイダ責任制限法が施行されました。改正プロバイダ責任制限法では、従来2段階の裁判手続が必要だった発信者情報開示請求を、1回の**非訟手続**によって行うことができるようになりました。これにより、被害者側の負担が軽減されます。

著作権を侵害した場合の損害賠償額は？

　著作権を侵害した場合の損害賠償額はいくらになるのでしょうか？　著

作権法114条は、著作権侵害における損害の算定方法について3つの計算方法を定めています。

❶侵害者が販売した物の数量に基づく算定

著作権を侵害した者が侵害行為によって作成した物を販売したときは、その販売した物の数量に、著作権者がその侵害がなければ販売することができた物の単位数量あたりの限界利益（売上から原材料費や仕入原価などの変動経費を差し引いた利益。固定費は差し引きません。）の額をかけた金額が損害になります。例えば、1冊200円の限界利益の漫画が、2万冊販売された場合は、400万円が損害額として推定されます。ただし、著作権者の販売能力が低く、もともと1万部しか売ることができない漫画であれば、損害額は200万円を超えません。

❷侵害者が得た利益に基づく算定

侵害者が著作権侵害行為により利益を受けている場合は、その利益の額が損害額と推定されます。この利益も、売上から原材料費や仕入原価などの変動経費を差し引いた限界利益となります。例えば、侵害者が1000個の著作物の海賊版を販売して、100万円の限界利益を得ている場合は、100万円が損害額として推定されます。

❸ライセンス料に基づく算定

著作物を他人に使用させる場合には、通常無償で使用させることはほとんどなく、ライセンス料を請求することができます。著作権の侵害者に対しては、「著作権の行使につき受けるべき金銭の額に相当する額」を損害として請求することが可能です。この「受けるべき金銭の額」について、「ライセンス料の相場」と解してしまうと、「やり得」（事前にライセンスを受けるより、著作権侵害の指摘を受けてからライセンス料相当額を損害として支払う方が、当該指摘を受けずに利用できる可能性も残るため、得であるという、侵害を助長しかねない考え方）を許

1

容することになりかねず妥当性を欠きます。そこで、「受けるべき金銭の額」は、ライセンス料相当額を考慮に入れながらも、それだけではなく、著作権自体の価値、売上への貢献度、侵害の態様、著作権者と侵害者との競業関係なども考慮したうえで判断すべきとされており、しかも、通常のライセンス料と比べて高額にすべきと解されています。例えば、著作物の海賊版を販売して月額1000万円を売上げた場合、権利者のライセンス料率の相場が売上高の9%であれば、著作権者の損害は月額90万円ではなく、具体的な事情によるものの、それより高額(例えば月額100万円)になります。

実際に起こった事件でいいますと、2022年11月17日に、長編映画を10分程度に短縮した「ファスト映画」を作成して動画投稿サイトに投稿した男女2人に対し、東京地裁は、映画会社やテレビ局など原告側の請求通り、著作権侵害による計5億円の賠償を命じる判決を言い渡しました。また、2022年7月、KADOKAWA、集英社および小学館の3社は、出版コンテンツの海賊版サイト「漫画村」の運営者に対し、総額19億円の損害賠償を求め、提訴しました。このように、著作権侵害において、違法コンテンツが大量にダウンロードされた場合には、損害額は高額に上ることになります。

他方で、自社が運営するWEBサイトの著作権が侵害されたとして読売新聞社が他社に対して6825万円の損害賠償を求めたケースでは、裁判所が認めた賠償額は23万7741円に過ぎませんでした(ヨミウリ・オンライン事件　知財高判平成17年10月6日裁判所HP参照(平成17年(ネ)10049号))。その他、資産運用ブログの無断掲載の事件(東京地判平成27年4月24日裁判所HP参照(平成26年(ワ)30442号))では、請求額297万円に対して、認められた額は100万円、旅行業者が自社のブログに職業写真家が撮影したハワイの写真を無断転載したというケース(東京地判平成24年12月21日判タ1408号367頁)では、請求額約74万円に対して、認められた額は約15万円です。このようにブログや画像の無断転載の事例では、損害

賠償額は100万円程度に収まることが一般的です。

まとめ

　著作権侵害がなされたときは、自分の著作物を利用するなという差止請求と、侵害によって被った損害賠償の請求ができます。また、著作者人格権に基づいて謝罪文の掲載を求めることも可能です。ただし、損害賠償の金額は思ったほど高額にはならないケースが多いです。SNSでの違反申告は虚偽申告にならないように慎重に判断して行いましょう。

用語の解説

非訟手続：非訟手続とは、通常の裁判を指す訴訟手続とは逆の概念で、訴訟手続ではない手続を指します。発信者情報開示請求の場合、通常の訴訟では、コンテンツプロバイダとインターネットプロバイダの双方をそれぞれ、別の訴訟で訴える必要があったのに対し、新たに創設された発信者情報開示命令（非訟手続）では、コンテンツプロバイダとインターネットプロバイダを一体として発信者情報開示を求めることができ、訴訟手続より簡易、迅速に発信者情報を開示されることが期待できます。

▼著作権法114条

（損害の額の推定等）

第114条　著作権者等が故意又は過失により自己の著作権、出版権又は著作隣接権を侵害した者に対しその侵害により自己が受けた損害の賠償を請求する場合において、その者がその侵害の行為によつて作成された物を譲渡し、又はその侵害の行為を組成する公衆送信（自動公衆送信の場合にあつては、送信可能化を含む。）を行つたときは、その譲渡した物の数量又はその公衆送信が公衆によつて受信されることにより作成された著作物若しくは実演等の複製物（以下この項において「受信複製物」という。）の数量（以下この項において「譲渡等数量」という。）に、著作権者等がその侵害の行為がなければ販売することができた物（受信複製物を含む。）の単位数量当たりの利益の額を乗じて得た額を、著作権者等の当該物に係る販売その他の行為を行う能力に応じた額を超えない限度において、著作権者等が受けた損害の額とすることができる。ただし、譲渡等数量の全部又は一部に相当する数量を著作権者等が

販売することができないとする事情があるときは、当該事情に相当する数量に応じた額を控除するものとする。

2　著作権者、出版権者又は著作隣接権者が故意又は過失によりその著作権、出版権又は著作隣接権を侵害した者に対しその侵害により自己が受けた損害の賠償を請求する場合において、その者がその侵害の行為により利益を受けているときは、その利益の額は、当該著作権者、出版権者又は著作隣接権者が受けた損害の額と推定する。

3　著作権者、出版権者又は著作隣接権者は、故意又は過失によりその著作権、出版権又は著作隣接権を侵害した者に対し、その著作権、出版権又は著作隣接権の行使につき受けるべき金銭の額に相当する額を自己が受けた損害の額として、その賠償を請求することができる。

4　著作権者又は著作隣接権者は、前項の規定によりその著作権又は著作隣接権を侵害した者に対し損害の賠償を請求する場合において、その著作権又は著作隣接権が著作権等管理事業法第2条第1項に規定する管理委託契約に基づき著作権等管理事業者が管理するものであるときは、当該著作権等管理事業者が定める同法第13条第1項に規定する使用料規程のうちその侵害の行為に係る著作物等の利用の態様について適用されるべき規定により算出したその著作権又は著作隣接権に係る著作物等の使用料の額（当該額の算出方法が複数あるときは、当該複数の算出方法によりそれぞれ算出した額のうち最も高い額）をもつて、前項に規定する金銭の額とすることができる。

5　第3項の規定は、同項に規定する金額を超える損害の賠償の請求を妨げない。この場合において、著作権、出版権又は著作隣接権を侵害した者に故意又は重大な過失がなかつたときは、裁判所は、損害の賠償の額を定めるについて、これを参酌することができる。

写真、文章を無断で使用していると連絡を受けた。その対処方法は？

弁護士から「あなたが作成した記事は著作権者の画像を使用しており著作権を侵害している」として書面が届いた！？　どうしたらいい？

まず落ち着いて自分の投稿が誰かの著作権を侵害しているか検討しよう。そのうえで侵害しているのであれば、速やかな削除が必要だよ。弁護士に相談して適切に対応しよう

ネット上にある素材を使用する際の問題

　依頼者から相談を受けるケースで、「ネット上の他人の画像をプレゼン資料やホームページに使用したら、権利者の代理人を名乗る弁護士からライセンス料相当額を請求する旨の書面が届いた」という相談があります。ネット上の他人の画像については、その画像が自由に使用して良い素材なのか、著作権者が誰なのかといった情報が不明であるため、自社のウェブサイトや外部に公開するプレゼン資料にネット上の他人の画像を使用することは原則としてNGです。また、「フリー素材」として自由に使用することを許諾している画像についても、利用規約をよく読むと、「商用利用NG」、「改変NG」、「出典元を表示する義務あり」、「有償のコンテンツとしての再配布禁止」などの条件が付されている場合があります。商用利用の場合には、ライセンス料が規定されているケースがあるので、フリー素材を利用する場合も注意が必要です（第3章第4節参照）。

1

もし誤って有料の素材を使用してしまい、著作権者からライセンス料を求められた場合は、まず、お金を求めてきている人が本当に著作権者であるかを確認しましょう（相談の中には、全く権利を有しない人がお金を請求してきた詐欺のケースもありました。）。確認方法としては、「著作権者であることの確認をしたいので、そのことがわかる資料やウェブサイトを教えてください。」と相手方に伝えればよいでしょう。この段階で、権利のない人は何の返答もしてこないか、見るからに怪しい資料を送付してきます。

　相手が著作権者であることが確認できた場合も、必ずしも相手の言い値のライセンス料相当額を支払う必要はなく、客観的に相当な費用を支払うように交渉すべきです。コンテンツの内容や利用方法によりますが、数万円程度が相場であると思います。

著作権侵害にならないケース

　他人の著作物を利用した場合であっても、著作権侵害に該当しないケースはあります。例えば「引用」に当たる場合です。詳しくは第2章第1節で説明をしますが、他人の記事や論文などの著作物を批判、論評などする目的で一部引用することができます。ただし、「引用」の要件はかなり厳格なので、引用に該当するか否かは慎重な判断が必要です。

　二つ目として、写り込みなどの付随対象著作物の利用です（第3章第6節参照）。例えば、撮影した写真の後ろに、とある有名なネズミのキャラクターが書かれたポスターが写り込んでいた場合や、喫茶店で撮影した動画に喫茶店のBGMとして曲が流れていて録音されてしまった場合など、一見すると他人の著作物を公衆に送信したことになり、著作権侵害にあたりそうなのですが、利用態様から軽微な写り込みにすぎない場合は、著作権者の許諾なく利用することが可能です。

まとめ

　著作権侵害をしているとの通知が届いた場合は、まず落ち着いて自分の投稿が著作権を侵害しているか検討しましょう。そのうえで侵害していると判断した場合は速やかに削除する必要があります。著作権侵害であるか否かは判断が難しいケースが多いため、弁護士に相談しましょう。

1

第2章 ウェブやSNSでの文章による情報発信と著作権

1 書籍やネット記事の引用はどこまでしていいの？

他人の文章でも出典元を明記すれば自分の記事に使って大丈夫？

出典元を明記するだけで引用が認められるとは限らないよ。引用の目的、引用の方法など守らなければいけないルールがあるよ

そもそも引用とは？

「引用」とは、他人の著作物を、自分の文章などの表現物に取り入れて利用することをいいます。「引用」は、**報道、批評、研究その他正当な目的の範囲内で、公正な慣行に合致する方法で**用いられる場合には、合法的に行うことができます（著作権法32条1項）。

「引用」は法律上なぜ認められているのでしょうか。それは、例えば他人の書いた文章を報道や批評するときに、他人の書いた文章をそのまま載せることができなければ、効果的な報道、批評をすることができなくなり、その結果、日本の文化の発展に不利益を及ぼしかねないからです。研究についても、例えば、他人の論文などの文章をそのまま利用して検討することができなければ、日本の学術レベルの低下という悪い結果が生じてしまいます。

本書の読者の方であれば、おそらく論評や紹介の目的で書籍やネット記事を引用して用いるニーズが多いと思います。例えば、書籍やネット記事の内容を紹介して評価を加えたり、自分の説明の補強や参照資料として使用

する場合が考えられます。このような引用の目的は正当ですが、目的が正当であったとしても、書籍やネット記事の内容全てを転用してしまうことは法律上認められません。引用を適法に行うルールについてみていきましょう。

引用を適法に行うためのルールとは？

書籍やネット記事の引用を行うためには次のルールの下で行う必要があります。

❶目的の範囲内で引用すること
❷主従関係を明らかにすること
❸引用部分と自らの表現部分とが明瞭に区別できるようにすること
❹引用元の情報（書籍名、出版社名、ニュース名、URL、著作者など）
　を明示すること

●❶目的の範囲内で引用すること

上記で他人の書籍や記事の「批評」など、目的が正当である場合は引用が可能であると述べましたが、あくまで「批評」などの目的に必要な範囲内での引用に限られます。目的とは無関係な部分まで引用することはできません。他人の書籍を紹介する場合も、正当な目的を達成するのに必要な範囲でのみ引用することが可能です。

●❷主従関係を明らかにすること

自分が創作した文章が「主」、引用部分が「従」であることが他の人から見て明白である必要があります。具体的には、引用した文章と自分の文章の量の割合です。例えば、文章のほとんどが引用部分で、一部だけ自分の文章の場合は、主従関係が適切とは言えません。一般的な基準として、引用部分の割合は全体の1割程度までにとどめることが推奨されています。

❸引用部分と自らの表現部分とが明瞭に区別できるようにすること

単純に見た目で引用部分と表現部分を区別することが必要となります。例えば、

・引用部分に「」(かぎかっこ)をつける
・引用部分の文章を太字、斜字にする
・引用元を明記する

といった方法があります。

❹引用元の情報を明記すること

引用する場合は、引用元の情報として、書籍名、著作者名、出版社名、ニュースタイトル、ニュースのURL、ニュース元の会社名などの情報を明記して、引用元の記事の出所が明らかになるようにしましょう。

ちなみに、記事の引用について、著作権法10条2項は、「事実の伝達にすぎない雑報および時事の報道」は著作物に該当しないとしています。そのため、いつ、どこで、何が起きたといった事実に関する部分は引用元を明記せずとも自分の文章に用いることが可能です。とはいうものの、事実に関する報道記事は、単に事実を羅列するに過ぎないものではなく、当該事実を創作的に表現している場合があります。事実に関する報道記事の一部をそのまま利用(引用)する場合には、出典元を明記するように心がけましょう。他方、同じ事実を報道記事とは異なる表現で示す場合、著作権侵害の問題は生じません。

まとめ

　著作権法上の「引用」のルールを守れば、他人の文章や画像などを転載することも可能です。ただし、引用の要件は、❶目的の範囲内で引用すること、❷主従関係を明らかにすること、❸引用部分と自らの表現部分とが明瞭に区別できるようにすること、❹引用元の情報（書籍名、出版社名、ニュース名、URL、著作者など）を明示することといった厳格なものなので注意が必要です。

▼著作権法10条2項

（著作物の例示）

第10条　この法律にいう著作物を例示すると、おおむね次のとおりである。

　〜省略〜

　2　事実の伝達にすぎない雑報及び時事の報道は、前項第1号に掲げる著作物に該当しない。

▼著作権法32条1項

（引用）

第32条　公表された著作物は、引用して利用することができる。この場合において、その引用は、公正な慣行に合致するものであり、かつ、報道、批評、研究その他の引用の目的上正当な範囲内で行なわれるものでなければならない。

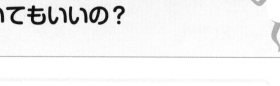

2 他人の書籍のあらすじを紹介する 記事を書いてもいいの？

他人の書籍（小説等）のあらすじを（無断で）紹介する記事を投稿しても大丈夫？

基本的には、あらすじをみれば書籍のあらましが分かるようなものは危険だけど、一方で、ごく短い内容とし、自分の言葉で表現する場合はOKだよ。厳密にいうと、書籍が、小説か法律問題の解説書かなど、書籍の内容によって許容範囲が変わるので専門家の判断を受けた方がいいよ

あらすじと著作権侵害

　書籍のあらすじの紹介について、**翻案**権（著作権の一つ）侵害の有無が問題になります。

　最判平成13年6月28日民集55巻4号837頁は、原告の「北の波濤に唄う」と題する書籍中のプロローグと被告の「ほっかいどうスペシャル・遥かなるユーラシアの歌声‐江差追分のルーツを求めて」と題する番組中のナレーションが、❶江差町がかつてニシン漁で栄え、そのにぎわいが「江戸にもない」といわれた豊かな町であったこと、❷現在ではニシンが去ってその面影はないこと、❸江差町では9月に江差追分全国大会が開かれ、年に1度、かつてのにぎわいを取り戻し、町は一気に活気づくことを表現している点で共通していた事案で、次のとおり述べて、被告による翻案権侵害を否定しました。

「既存の著作物に依拠して創作された著作物が、思想、感情もしくはアイデア、事実もしくは事件など表現それ自体でない部分または表現上の創作性がない部分において、既存の著作物と同一性を有するにすぎない場合には、翻案にはあたらない・・・ナレーションがプロローグと同一性を有する部分のうち、江差町がかつてニシン漁で栄え、そのにぎわいが「江戸にもない」といわれた豊かな町であったこと、現在ではニシンが去ってその面影はないことは、一般的知見に属し、江差町の紹介としてありふれた事実であって、表現それ自体ではない部分において同一性が認められるにすぎない。また、現在の江差町が最もにぎわうのが江差追分全国大会の時であるとすることが江差町民の一般的な考え方とは異なるもので原告に特有の認識ないしアイデアであるとしても、その認識自体は著作権法上保護されるべき表現とはいえ（ない）」

2

この判断からすると、あらすじの内容が、書籍中の「アイデア」というべきものをまとめたに過ぎないものであれば翻案権侵害とならず、一方、創作的な「表現」に共通性があり書籍の本質的な特徴を直接感得できるものであれば翻案権侵害になります。何がアイデアで何が表現かを見極めることが重要です。以下では、アイデアと表現の区別についてみていきます。

アイデアと表現の区別

著作権法では保護されるべきは、創作的な「表現」であり、コンセプトの段階である「アイデア」（思想ないし感情）は保護されません。例えば、「高校生が登場するラブストーリー」というものがアイデアであることには異論がないと思われます。こうした抽象的なアイデアを著作物として保護してしまうと、誰も、「高校生が登場するラブストーリー」に関する表現ができないことになり、創作活動を促し文化の発展に寄与することを目的する著作権法の趣旨に反する結果となります。もう少し具体化した、「高校生の男女が登場し、男女のからだが入れ替わるという謎の現象がおきるラブストー

リー」というのもアイデアというべきものでしょう。ただ、このように、アイデアが具体化されていくと、どこかで表現の域に達します。

どの程度具体化された段階で、表現の域に達するかについて、画一的な基準はありません。著作物の創作者を保護し、保護の対象を表現に限定して、アイデアを自由利用の対象とすることによって、創作活動を促し文化の発展に寄与することを目的とする著作権法に趣旨に照らして、事案ごとに検討して、アイデアか表現かを区別していくほかありません。

そうはいっても、具体的な目安がほしいところ、東京地判平成13年12月3日判時1768号116頁は、被告が「速読本舗」というサイトを開設して有料の会員を募り、原告の書籍「成功の法則」を含む他人のビジネス書を要約し、会員に公開した行為について、次のとおり述べて、翻案権侵害を肯定しました。

「被告の作成した書籍要約文は、対照表からも明らかなとおり、10行程度の書籍紹介の文章を付した上で、それ以外は書籍の文章に改変、修正を施し、また、書籍の文章のポイントと思われる部分を抜き書きして、その内容の要約としたにすぎないものであり、書籍を翻案したといえる。」

被告の書籍要約文と対照表は下記です。

❶書籍要約文

2

出典：判決別紙より

▼書籍要約文および対照表

❶書籍要約文

Page 3

「成功の法則」　江口 克彦・著

PHPソフトウェア・グループ発行　定価1500円(税込)
1996年12月18日　第1刷

～松下幸之助はなぜ成功したのか～
成功には普遍的な王道がある

■熱意を持てば成功する

■感動を与えられれば成功する

■育てる心を持てば成功する

■責任を自覚すれば成功する

■人間観を正しく持てば成功する

Page 2 | ホーム | バックナンバー

出典：判決別紙より

❷対照表

『成功の法則』と『速度本舗』の対照表

『成功の法則』江口克彦著（PHP刊）	『速度本舗』'97・1
二頁三行目～二頁六行目 　きみなあ、成功の道というものは、いろいろの行き方があるけどね。でも結局のところ、おおむね同じじゃないかと思う。それは百人が百人とも持ち味があるからね、多少の違いというものはあるけれども、成功の道すじ、軌道というものは、だいたいにおいて決まっている。いわば共通性があるということや。	松下幸之助によれば、事業に成功するための法則はいかなる経営者においても同じであり、それぞれの持ち味によって多少の違いはあるけれども、成功の道筋には共通性があるというのだ。
二頁九行目～二頁一四行目 　この見方が正しいものであると、私は確信を持って言うことができる。そして松下の成功理由を体系化することは、普遍的な成功の法則を明らかにすることになると思う。 　その理由の第一は、松下自身が成功者であること、第二に、松下は多数の先哲諸聖の研究をしており、自身の体験をさまざまな角度からも検証していること。 　そして第三に、時代の変化を迎えてますます松下の考え方が正しいと、私には実感されるからである。	この松下の見方を著者は正しいと確信を持っている。その理由は第一に松下が成功者であること。第二に松下が先哲諸聖の研究をし、自身の体験から検証していること。第三に時代の変化の中で、この考えが正しいと著者が実感しているからである。そこで松下の成功理由を体系化し、普遍的な成功法則を明らかにすることを目的として本書は執筆された。
一六頁一行目（見出し） 一七頁一五行目～一八頁七行目 　熱意を持てば成功する。 　松下が中小企業の経営者の方々を対象に「ダム経営」について話したことがある。ダム経営というのは、川にダムをつくり水を貯めるように、企業も余裕のある経営をしようという松下の持論であった。 　話が終わって、四百人ほどいた経営者の中の一人が手をあげ質問をした。「おっしゃるとおりなのですが、なかなかそれができないのです。どうすればダムがつくれるのでしょうか」 　これに対して松下は「やはりまず大切なのは、ダム経営をやろうと思うことですな」と答えた。	熱意を持てば成功する 　中小企業の経営者を対象に「ダム経営」について松下が話したことがあった。余裕をもった経営という意味である。話が終わって、一人の経営者が質問した。「どうすればダムが造れるのでしょうか」。これに対する松下の答えは「まず、ダム経営をやろうと思うことですな」であった。
十八頁七行目 　会場からは"なんだ、そんなことか"という失笑が起こった。	会場からは「なんだ、そんなことか」と失笑が起こった。この松下の答えの意味が理解できなかったのだ。

52

一八頁八行目 一八頁一一行目～一八頁一四行目 　しかし、その中に一人、衝撃を受けた人物がいた。 　「そのとき、私はほんとうにガツンと感じたのです。何か簡単な方法を教えてくれというような生半可な考えでは、経営はできない。実現できるかできないかではなく、まず『そうでありたい、自分は経営をこうしよう』という強い願望を持つことが大切なのだ。そのことを松下さんが言っておられるんだ。と、そう感じたとき、非常に感動したんです」	しかし、一人だけは違っていた。衝撃を受けた人物がいたのである。「何か簡単な方法を教えてくれという生半可な気持ちでは経営はできない。まず、そうありたい、こうしようという強い願望を持つことが大切なのだ。そう感じて非常に感動した」とある。
一八頁八行目～一八頁九行目 一八頁一五行目～一九頁二行目 　それは京セラを創業して間もないころの稲盛和夫氏で、まだ経営の進め方に悩んでいた頃であった。 　四百人の経営者が同じ話を聞いている。しかし、そのように受け取った人は一人しかいなかったと言っていい。稲盛氏には、そのように受け止めるだけの力量があったということである。のちの京セラの発展は改めて説明する必要もないと思う。	この一人とは京セラ創業間もない稲盛和夫氏である。彼には松下の答えの意味を理解するに足る力量があったということであろう。
二〇頁三目 二〇頁九行目～二〇頁一〇行目 　松下は、成功の条件の第一に「熱意」をあげることが多かった。 　松下幸之助が成功した理由は、決して一つに帰することができるものではない。だが、もしあえて一つだけ挙げよと言われたら、私は熱意であると断言できる。	松下は成功の第一条件に「熱意」をあげている。松下幸之助の成功理由は決して一つや二つで言い表すことはできないが、もし、あえて一つだけ挙げるとすれば、それは「熱意」だと著者は断言する。

出典：判決別紙より

　上記裁判例からすれば、書籍の文章に改変、修正を施し、また、書籍の文章のポイントと思われる部分を抜き書きした要約は、他人のアイデアというべきものを自己流にまとめて表現したというよりは、かえって他人の創作的な表現を利用したというべきものであり、翻案権侵害となります。上記❶の書籍要約文をみると、かなり長い要約文といえます。このレベルのものは翻案権侵害となる可能性が高いです。

　文化庁は、著作権Ｑ＆Ａのページを設けていますが、その中で、「最新のベストセラー小説のあらすじや要約を書いて、ホームページに掲載することは、著作権者に断りなく行えますか。」という質問を設定し、この質問に対し、「どの程度のあらすじかによります。ダイジェスト（要約）のようにそれを読めば作品のあらましが分かるというようなものは、二次的著作物の創作に関する権利（翻案権、著作権法27条）が働くので、要約の作成について

著作権者の了解が必要です・・・一方、2～3行程度のごく短い内容程度のもので、著作物を感得できるほどのものではない場合、著作権が働く利用とは言えず、著作権者の了解を得る必要はありません。」との回答を掲載しており、参考になります。これは、小説のあらすじ紹介に関する回答です。

　次に、法律問題の解説書の翻案権侵害が問題となった、東京地判平成17年5月17日判時1950号147頁は、次のとおり述べました。

> 「ある法律問題について、関連する法令の内容や法律用語の意味を説明し、一般的な法律解釈や実務の運用に触れる際には、確立した法律用語をあらかじめ定義された用法で使用し、法令または判例・学説によって当然に導かれる一般的な法律解釈を説明しなければならないという表現上の制約がある。そのゆえに、これらの事項について、条文の順序にとらわれず、独自の観点から分類し普通に用いることのない表現を用いて整理要約したなど表現上の格別の工夫がある場合はともかく、法令の内容等を法令の規定の順序に従い、簡潔に要約し、法令の文言または一般の法律書等に記載されているような、それを説明する上で普通に用いられる法律用語の定義を用いて説明する場合には、誰が作成しても同じような表現にならざるを得ず、このようなものは、結局、筆者の個性が表れているとはいえないから、著作権法によって保護される著作物としての創作性を認めることはできない。」

　この裁判例に照らすと、通常用いられる分類に沿って整理された法律問題の解説書は、小説と比べて、著作物として保護される範囲が狭く、著者に無断で利用できる箇所が多いということができます。こうした法律問題の解説書については、そのあらすじを多少詳しく紹介しても翻案権侵害にならない可能性が十分にあります。

まとめ

　他人の書籍（小説等）のあらすじを紹介するときは、ごく短い内容とするのが安全です。ごく短い内容であれば、書籍中のアイデアというべき部分（著作権法により保護されない部分）を伝えているに過ぎないことになるからです。他方で、それをみれば書籍のあらましが分かるような詳しい要約は危険です。

　厳密には、書籍が、小説か法律問題の解説書かなど、書籍の内容によって許容範囲が変わることから、専門家による個別具体的な判断を受けるべきです。

用語の解説

翻案：既存の著作物に依拠し、かつ、その表現上の本質的な特徴の同一性を維持しつつ、具体的表現に修正、増減、変更等を加えて、新たに思想または感情を創作的に表現することにより、これに接する者が既存の著作物の表現上の本質的な特徴を直接感得することのできる別の著作物を創作する行為をいいます。

3 書籍の表紙の画像はそのまま引用していいの？

気に入った書籍を紹介するために、書籍の表紙の画像を記事に載せたい！　大丈夫かな？

書籍のカバーデータを無断で掲載することは著作権侵害の危険があるよ。表紙の画像を使用したい場合は、AmazonなどのECサイトの商品リンクを使用するのが安全だよ。ECサイトやフリマサイト、オークションサイトに販売目的でブックカバーの写真を載せることは一定の条件の下で許されるよ

書籍の表紙は著作物にあたるの？

　書籍の表紙についても、絵やデザインなどの工夫により創作性が認められる場合には、著作物として保護されます。表紙デザインの著作物性について、下記❶（医学書の表紙）は著作物として保護される一方、下記❷（カタログの表紙）は著作物として保護されないと判断されました。❷について、裁判所は、縞模様の縞の幅を一定とせずに徐々に変化させていく表現は一般にみられる平凡なものであることなどを指摘しました。

▼❶東京地判平成22年7月8日裁判所HP参照（平成21年（ワ）23051号）

原告表紙

出典：日本東洋医学会学術教育委員会編『入門漢方医学』（南江堂、2002年）より

▼❷知財高判平成28年12月21日判時2340号88頁

原告カタログ

出典：判決別紙より

著作物として保護される書籍のカバーにかかるデータをインターネット上に掲載するためには、引用の要件（第2章第1節参照）等を満たす必要があります。引用の要件については、厳格に判断される傾向にあり、ある書籍の論評にあたり、著作物というべき書籍表紙データを掲載する必要性は、通常乏しく、書籍の特定は、書籍名・出版日等で可能ですので、論評にあたり、表紙データの無断利用の必要性が認められる場合は、少ないであろうという印象です。そのため、書籍の紹介のために表紙のデータを使用したい場合は、Amazonなどの商品リンクを使用することが安全です。

ECサイトやオークションサイトに書籍の写真を載せることも引用にあたるの？

　美術品や書籍などの著作物について、それを販売する場合においても商品の写真すら載せることができないとすれば、消費者が直接見る方法しか商品の内容を確認する術がなく、不都合が生じます。そのため、ECサイトやフリマサイト、オークションサイトにブックカバーの写真を載せること（権利者の許諾を得ることなく撮影、スキャン、アップロード）は、「美術の著作物等の譲渡等の申出に伴う複製等」（著作権法47条の2）に基づき、可能とされています。

　ただし、どのような画像でも許されるわけではなく、あくまで、商品の販売に必要な範囲でのみこれらの行為が可能で、当然、販売のためであっても書籍全てや中身のページをアップロードすることはできません。細かい規定ですが、画像の複製防止措置を講じる場合は9万画素（例えば300ピクセル×300ピクセル）、講じない場合は32400画素（例えば180ピクセル×180ピクセル）という画質の条件も法律上指定されています。

まとめ

　書籍の表紙のデータは、著作物にあたる場合があり、これを転載する場合は、著作権法上の「引用」のルールに従う必要があります。書籍の紹介や批評の目的で掲載することはOKですが、データの画像を無断で加工したり、トリミングしないように注意しましょう。

▼著作権法47条の2

（美術の著作物等の譲渡等の申出に伴う複製等）

第47条の2　美術の著作物又は写真の著作物の原作品又は複製物の所有者その他のこれらの譲渡又は貸与の権原を有する者が、第26条の2第1項又は第26条の3に規定する権利を害することなく、その原作品又は複製物を譲渡し、又は貸与しようとする場合には、当該権原を有する者又はその委託を受けた者は、その申出の用に供するため、これらの著作物について、複製又は公衆送信（自動公衆送信の場合にあつては、送信可能化を含む。）（当該複製により作成される複製物を用いて行うこれらの著作物の複製又は当該公衆送信を受信して行うこれらの著作物の複製を防止し、又は抑止するための措置その他の著作権者の利益を不当に害しないための措置として政令で定める措置を講じて行うものに限る。）を行うことができる。

▼著作権法施行規則4条の2

第5章　著作物の表示の大きさ又は精度に係る基準

第4条の2　令第7条の3第1号の文部科学省令で定める基準は、次に掲げるもののいずれかとする。

　1　図画として法第47条の2（法第86条第1項及び第102条第1項において準用する場合を含む。以下この項において同じ。）に規定する複製を行う場合にあつては、当該複製により作成される複製物に係る著作物の表示の大きさが50平方センチメートル以下であること。

　2　デジタル方式により法第47条の2に規定する複製を行う場合にあつては、当該複製により複製される著作物に係る影像を構成する画素数が3万2400以下であること。

　3　前2号に掲げる基準のほか、法第47条の2に規定する複製により作成される複製物に係る著作物の表示の大きさ又は精度が、同条に規定する譲渡若しくは貸与に係る著作物の原作品若しくは複製物の大きさ又はこれらに

係る取引の態様その他の事情に照らし、これらの譲渡又は貸与の申出のために必要な最小限度のものであり、かつ、公正な慣行に合致するものであると認められること。

2　令第7条の3第2号イの文部科学省令で定める基準は、次に掲げるもののいずれかとする。

　1　デジタル方式により法第47条の2（法第86条第3項及び第102条第1項において準用する場合を含む。以下この項及び次項において同じ。）に規定する公衆送信を行う場合にあつては、当該公衆送信により送信される著作物に係る影像を構成する画素数が3万2400以下であること。

　2　前号に掲げる基準のほか、法第47条の2に規定する公衆送信を受信して行われる著作物の表示の精度が、同条に規定する譲渡若しくは貸与に係る著作物の原作品若しくは複製物の大きさ又はこれらに係る取引の態様その他の事情に照らし、これらの譲渡又は貸与の申出のために必要な最小限度のものであり、かつ、公正な慣行に合致するものであると認められること。

3　令第7条の3第2号ロの文部科学省令で定める基準は、次に掲げるもののいずれかとする。

　1　デジタル方式により法第47条の2に規定する公衆送信を行う場合にあつては、当該公衆送信により送信される著作物に係る影像を構成する画素数が9万以下であること。

　2　前号に掲げる基準のほか、法第47条の2に規定する公衆送信を受信して行われる著作物の表示の精度が、同条に規定する譲渡若しくは貸与に係る著作物の原作品若しくは複製物の大きさ又はこれらに係る取引の態様その他の事情に照らし、これらの譲渡又は貸与の申出のために必要と認められる限度のものであり、かつ、公正な慣行に合致すると認められるものであること。

4 キャッチコピーや名言、記事の見出しや本の目次を記事に載せることはできるの？

 企業のキャッチフレーズを記事に載せたら著作権侵害になるの？

 キャッチコピーやキャッチフレーズのような短い文章は著作物とはならないことが多いよ

短い文章は著作物の対象外？

　一般的にキャッチコピーやキャッチフレーズのような短い文章は著作物とはならないとされています。

　ただし、「文章が短い＝著作物ではない」とは限りません。俳句は五・七・五の17字で、短歌は五・七・五・七・七の31字で構成されますが、著作物に該当する場合が多いです。その違いは「創作性」があるかどうかになります。

　創作性が認められなかったケースとして有名な裁判例に「スピードラーニング事件」（知財高判平成27年11月10日裁判所HP参照（平成27年（ネ）10049号））があります。被告の提供する英会話教材のキャッチフレーズ（例「音楽を聞くように英語を流して聞くだけ　英語がどんどん好きになる」）が、原告の商品である英会話教材「スピードラーニング」のキャッチフレーズ（例：「音楽を聞くように英語を聞き流すだけ　英語がどんどん好きになる」）に酷似していると主張し、使用の差止と損害賠償を求めて訴えた事件です。

記事の見出しやキャッチコピーは、通常は短いフレーズであり、ありふれた言いまわしであることが通常ですから、「創作的に表現したもの」とは言えず著作物に該当しないケースがほとんどです。そのため、他人の記事の見出し自体を自分の記事に載せることは問題ありません。

　他方で、本の目次全体については、その選択や配列方法に「創作性」があると判断される可能性があることから、本の目次全体を無断で掲載することは避けた方がよいでしょう。

> 他人のメールや手紙をインターネットで公表する
> 行為は著作権侵害に該当する？

　メールの本文が短く、文章の内容に「創作性」がない場合は、著作物に該当しないので、著作権侵害には該当しません。他方、ある程度長い文章であれば、著作物に該当する場合が多く、著作権者に無断で公表する行為は著作権侵害に該当することが多いです。小説家の三島由紀夫の死後に、三島由紀夫から生前に手紙を受け取った人物が、15通の三島由紀夫の未公表の手紙を書籍に掲載して販売した行為について、三島由紀夫の相続人が著作権侵害であると主張して訴えた事件があります（東京高判平成12年5月23日判時1725号165頁）。判決では、手紙の内容が三島由紀夫の思想または感情を創作的に表現した文書であるとして、著作権侵害が認められました。

まとめ

　一般的にキャッチコピーやキャッチフレーズのような短い文章は著作物とはならないとされています。そのため、キャッチフレーズが類似していたとしても、著作権侵害であると主張するハードルは高いです。

5 他社のランキングデータなどの情報は自分の記事に用いていいの？

他社が作成したランキングのデータを自分の記事に参考資料として引用していいの？

他社が作成したランキングのデータは原則として著作物に該当しないため引用することは可能だよ。その場合でも出典元はきちんと明記したほうがいいよ

2

統計データやグラフは著作物になる？

著作物とは、「思想または感情を創作的に表現したものであって、文芸、学術、芸術または音楽の範囲に属するもの」（著作権法2条1項1号）をいうところ、データや簡単な表・グラフは単なる事実を示したもので、「思想または感情を創作的に表現したもの」に該当せず、著作物とはなりません。ですので、ネット上の統計データや表・グラフは、作成者に無断で転載したとしても著作権侵害にはなりません。ただし、統計データや表・グラフの出典元は明記するようにしましょう。

学位論文に添付された図表の著作物性が問題となった事案で、裁判所は学位論文に用いられるデータ自体は著作物ではなく、それに基づくグラフにも、原則として著作権は認められないと判示しています（京都大学学位論文事件　知財高判平成17年5月25日裁判所HP参照（平成17年（ネ）10038号））。

確かに、事実や情報を統計データやグラフの形に編集することについて、

多大な労力はかかっているのですが、統計データやグラフを著作権の保護の対象としてしまうと、そのような事実や情報そのものが一部の人に独占される結果となってしまい、日本の文化や学術レベルの低下を招くことになり、不当です。

著作権の対象となる編集著作物とは？

このように、統計データや当該データをありふれた手法で表したグラフは著作権の対象とはならないのですが、「編集著作物」（著作権法12条）と「データベースの著作物」（著作権法12条の2）については、素材の選択、配列、構成などに創作性を有するものは著作物に該当するとされています。

例えば、職業分類体系によって電話番号情報を職業別に分類したタウンページは、電話番号自体は創作性を有しないものの、検索の利便性の観点から、個々の職業を分類し、これらを階層的に積み重ねることによって全職業を網羅するように構成されたものであるとして、創作性を有する「編集著作物」とされています（NTTタウンページ事件　東京地判平成12年3月17日判時1714号128頁）。これに対して、電話番号を50音別に並べただけのハローページ（50音別電話帳）は「編集著作物」ではないとされています。

すなわち、編集著作物やデータベース著作物に該当するかは、その整理や表現方法が創作的なものか否かという判断が必要となってきますので、判断は難しいものですが、例えば、売上ランキングや人気ランキングなどで、売上調査や人気投票の結果を踏まえて、上から順にランキングしているに過ぎないものであれば、事実というべき調査結果をありふれた態様で表現するものに過ぎず、著作物ではないと考えます。

話は変わりますが、Wikipediaの利用規約において、文章素材は、**クリエイティブ・コモンズ・ライセンス**の条件の下で二次利用することができる

とされています。具体的な条件として、❶著作者の著作権表示（credit）をすること、❷二次的著作物についても同一の条件で二次利用できるようにすること、❸**クリエイティブ・コモンズ・ライセンス**の条件の下で二次利用が可能であることの許諾表示をすることなどが指定されています。なお、Wikipediaの情報を使用する場合でも、表現方法を変えるなどして、あくまで情報、アイデアのみを使用する方法で二次利用に該当しなければ、著作権表示は不要です。これに対し、画像素材については、Wikipedia外のコンテンツを利用している場合があり、その場合は、画像コンテンツの著作者からの許諾が必要となります。Wikipedia内の画像をクリックし、詳細をクリックすることで、出所情報や許諾に関する情報を確認することができます。

まとめ

　統計データやグラフは、一般的には「思想または感情を創作的に表現したもの」に該当せず、著作物に該当せず、作成者の許諾を得ずに転載したとしても著作権侵害にはなりません。ただし、統計データや表・グラフの出典元は明記するようにしましょう。

クリエイティブ・コモンズ・ライセンス（CCライセンス）：インターネット時代のための新しい著作権ルールであり、作品を公開する作者が「この条件を守れば作品を自由に使って構いません。」という意思表示をするためのツールです。CCライセンスは6種類あります。

CC BY

　原作者が求めるクレジット表示を行えば、営利目的の利用もOKですし、さらには改変することも許される、最も自由度の高いCCライセンスです。

CC BY-SA

　原作者が求めるクレジット表示を行えば、改変も、営利目的の利用もOKですが、改変した作品にも元の作品と同じCCライセンスをつけて公開することが条件です。

CC BY-ND

　原作者が求めるクレジット表示をすれば、営利目的での利用が許されますが、元の作品の改変は許されません。

CC BY-NC

　原作者が求めるクレジット表示をすれば、改変や改変した作品の再配布も可能です。ただし、非営利目的の利用に限られます。

CC BY-NC-SA

　原作者が求めるクレジット表示をし、非営利目的利用の場合に限り、改変や再配布が許されます。改変を行った場合には、元の作品と同じ組み合わせのCCライセンスで公開する必要があります。

CC BY-NC-ND

原作者が求めるクレジットを表示し、非営利利用の場合であって、かつ、元

の作品を改変しないことを条件として、作品の自由な再配布を認めるものです。

▼著作権法2条1項1号

（定義）
第2条　この法律において、次の各号に掲げる用語の意義は、当該各号に定めるところによる。
　1　著作物　思想又は感情を創作的に表現したものであつて、文芸、学術、美術又は音楽の範囲に属するものをいう。

▼著作権法12条

（編集著作物）
第12条　編集物（データベースに該当するものを除く。以下同じ。）でその素材の選択又は配列によつて創作性を有するものは、著作物として保護する。
　2　前項の規定は、同項の編集物の部分を構成する著作物の著作者の権利に影響を及ぼさない。

▼著作権法12条の2

（データベースの著作物）
第12条の2　データベースでその情報の選択又は体系的な構成によつて創作性を有するものは、著作物として保護する。
　2　前項の規定は、同項のデータベースの部分を構成する著作物の著作者の権利に影響を及ぼさない。

2

6 書籍のスキャンデータを社内で共有してもいいの？

社内の会議で利用するためにスキャンした書籍のデータをクラウドで共有したいと考えているけど大丈夫？

書籍は著作物に当たるし、社内会議での利用は「私的複製」に該当しないから、著作権侵害にあたり許されないよ

書籍をスキャンして社内で共有することはできない

　書籍は当然著作物ですし、それをスキャンしてデータ化することは複製に該当します。このデータを自分のみが見ることができる形にして、他の社員には一切共有しない場合は「私的複製」に該当するため、行うことができます（著作権法30条1項）。また、家族、ごく親しい少人数の友人など限られた範囲内で使用することを目的とする場合も「私的複製」に該当するため著作物を許可なく複製できます。しかし、スキャンしたデータを他の社員に共有して社内会議や社内勉強会に使用する行為は、「私的複製」の範囲外ですので、著作権侵害に該当します。なお、書籍データではなく、コピーを配布する行為も著作権侵害に該当します。

　専門書であれば、一定のライセンス料を支払うことで、コピーを自由に共有することを認める団体もあるようです。また、電子書籍のサブスクリプションなどで利用許諾を得ている範囲での共有は有効です。

　なお、ずいぶん前から書籍のスキャンを代行する「自炊代行サービス」が

ありますが、私的複製の範囲を規定する著作権法30条1項では、「『使用する者が』複製することができる」として複製できる人の範囲が限定されています。自炊代行サービス業者は、「使用する者」ではありませんので、スキャンした書籍を廃棄するなどの対応をとったとしても私的複製としては許容されないというのが通説として定着しています。

なお、ネットオークションなどで裁断済みの書籍が売買されている現状がありますが、この行為を違法として規制する法律上の根拠は現在の著作権法上にはありません。

書籍を教科書としてオンラインセミナーで使うことはできるの？

書籍を教科書としてオンラインセミナーで使用する場合でも、コピーを受講生に配布する行為は複製権や譲渡権の侵害となります。もし使用したい場合は、著作権者の許諾を得て行う必要があります。ただし、学校その他の教育機関（営利を目的として設置されているものを除きます。）において教育を担任する者および授業を受ける者は、授業の過程で利用するために、著作物を複製したり、**公衆送信**を行ったり、公の伝達をすることができます（著作権法35条1項）。公衆送信を行う場合、相当な額の補償金を著作権者に支払わなければなりません（著作権法35条2項）。「学校その他の教育機関」について、「営利を目的として設置されているもの」は除外されているから、私人の経営する塾、予備校、カルチャーセンターや会社等に設置されている職員研修施設は含まれません。なお、インターネットに掲載されているPDFやウェブサイトのページのURLを共有する行為は、著作権を侵害する行為には該当しません。

また、図書館等においては、❶利用者が調査研究の用のために公表された図書館資料の一部分の複製を求める場合、❷図書館資料の保存のために必

要がある場合、❸他の図書館等の求めに応じ、絶版等の理由により一般に入手することが困難な図書館資料の複製物を提供する場合、著作物を許可なく複製することができます（著作権法31条1項）。

まとめ

　他人の書籍をスキャンして他の従業員に共有することは私的複製にあたらず、複製権の侵害に該当するので注意が必要です。オンラインセミナーなどで、書籍のコピーを配布する行為も複製権の侵害に該当します。

用語の解説

公衆送信：著作権法2条1項7号の2は、「公衆送信」について、「公衆によって直接受信されることを目的として無線通信または有線電気通信の送信（電気通信設備で、その一の部分の設置の場所が他の部分の設置の場所と同一の構内（その構内が二以上の者の占有に属している場合には、同一の者の占有に属する区域内）にあるものによる送信（プログラムの著作物の送信を除く。）を除く。）を行うことをいう。」と定義しています。

▼著作権法30条1項

（私的使用のための複製）

第30条　著作権の目的となつている著作物（以下この款において単に「著作物」という。）は、個人的に又は家庭内その他これに準ずる限られた範囲内において使用すること（以下「私的使用」という。）を目的とするときは、次に掲げる場合を除き、その使用する者が複製することができる。

　　〜省略〜

▼著作権法31条1項

（図書館等における複製等）

第31条　国立国会図書館及び図書、記録その他の資料を公衆の利用に供することを目的とする図書館その他の施設で政令で定めるもの（以下この条及び第104条の10の4第3項において「図書館等」という。）においては、次に掲げる場合には、その営利を目的としない事業として、図書館等の図書、記録その他の資料（次項及び第6項において「図書館資料」という。）を用いて著作物

を複製することができる。

1　図書館等の利用者の求めに応じ、その調査研究の用に供するために、公表された著作物の一部分（国若しくは地方公共団体の機関、独立行政法人又は地方独立行政法人が一般に周知させることを目的として作成し、その著作の名義の下に公表する広報資料、調査統計資料、報告書その他これらに類する著作物（次項及び次条第2項において「国等の周知目的資料」という。）その他の著作物の全部の複製物の提供が著作権者の利益を不当に害しないと認められる特別な事情があるものとして政令で定めるものにあつては、その全部）の複製物を一人につき一部提供する場合

2　図書館資料の保存のため必要がある場合

3　他の図書館等の求めに応じ、絶版その他これに準ずる理由により一般に入手することが困難な図書館資料（以下この条において「絶版等資料」という。）の複製物を提供する場合

2

▼著作権法35条

（学校その他の教育機関における複製等）

第35条　学校その他の教育機関（営利を目的として設置されているものを除く。）において教育を担任する者及び授業を受ける者は、その授業の過程における利用に供することを目的とする場合には、その必要と認められる限度において、公表された著作物を複製し、若しくは公衆送信（自動公衆送信の場合にあつては、送信可能化を含む。以下この条において同じ。）を行い、又は公表された著作物であつて公衆送信されるものを受信装置を用いて公に伝達することができる。ただし、当該著作物の種類及び用途並びに当該複製の部数及び当該複製、公衆送信又は伝達の態様に照らし著作権者の利益を不当に害することとなる場合は、この限りでない。

2　前項の規定により公衆送信を行う場合には、同項の教育機関を設置する者は、相当な額の補償金を著作権者に支払わなければならない。

3　前項の規定は、公表された著作物について、第1項の教育機関における授業の過程において、当該授業を直接受ける者に対して当該著作物をその原作品若しくは複製物を提供し、若しくは提示して利用する場合又は当該著作物を第38条第1項の規定により上演し、演奏し、上映し、若しくは口述して利用する場合において、当該授業が行われる場所以外の場所において当該授業を同時に受ける者に対して公衆送信を行うときには、適用しない。

7 X（旧Twitter）、ブログ、インターネットの掲示板の投稿は自由に引用して使用しても問題ない？

X（旧Twitter）の投稿を自分の記事に引用して使用していいの？

X（旧Twitter）、ブログ、インターネットの掲示板上の投稿の著作権が誰に帰属しているかについては利用規約を確認する必要があるよ。そのうえで、著作権法だけではなく、利用規約のルールに従って引用する必要があるよ

X等の投稿の著作権の帰属

　本書の執筆日において、Xの利用規約での著作権の帰属は以下の規定になっています。

　「ユーザーは、本サービス上にまたは本サービスを介して、自ら送信、投稿、または表示するあらゆるコンテンツに対する権利を留保するものとします。ユーザーのコンテンツはユーザーのものです。すなわち、ユーザーのコンテンツ（他のコンテンツに組み込まれたユーザーの音声、写真および動画もユーザーのコンテンツの一部と考えられます）の所有権はユーザーにあります。」

⇒すなわち、投稿の著作権は、ユーザーにあるとされています。

　そのうえで、

「ユーザーは、本サービス上にまたは本サービスを介してコンテンツを送信、投稿または表示することによって、当社が、既知のものか今後開発されるものかを問わず、あらゆる媒体または配信方法を使ってかかるコンテンツを使用、コピー、複製、処理、改変、修正、公表、送信、表示および配信するための、世界的かつ非独占的ライセンスを（サブライセンスを許諾する権利と共に）当社に対し無償で許諾することになります。」

⇒投稿の複製権や公衆送信権などのほぼすべての著作権について、無償の非独占のライセンスをユーザーからX社にライセンスをしていることになります。

このように、投稿や記事の著作権はユーザーに帰属し、X社はユーザーから著作権の無償ライセンスを受けている立場になります。同様にInstagram、Facebook、YouTube、日本のアメブロや、FC2ブログについても、ユーザーのコンテンツについてはユーザーが著作権を有することが明示されており、ユーザーからSNSを運営する会社に対してコンテンツの利用権限がライセンスされています。

他方、5ちゃんねるについては、投稿の匿名性から著作権が5ちゃんねるの運営者に帰属することとなっており、執筆現在、投稿のまとめ記事を作成する場合は、「5ch.net の所有者である Loki Technology, Inc. からコンテンツの使用許諾を得る必要があります。」とされています。

投稿や記事の引用は可能か？

●Xの投稿のリツイート、スクリーンショット

Xの利用規約では、X社は、ユーザーから投稿の著作権について利用許諾を受けるとともに、投稿について第三者にX社の定めた方法で利用させる権利も認めています。

「ユーザーは、このライセンスには、当社が、コンテンツ利用に関する当社の条件に従うことを前提に、本サービスを提供、宣伝および改善させるための権利ならびに本サービスに対しまたは本サービスを介して送信されたコンテンツを他の媒体やサービスで配給、放送、配信、リツイート、プロモーションまたは公表することを目的として、その他の企業、組織または個人に提供する権利が含まれていることに同意するものとします。」（X　サービス利用規約）

そのため、X社が認めた方法（リツイート、埋め込み）でユーザーの記事を引用することは認められており、逐一投稿者の承諾を得る必要はありません。（X社がユーザーや記事の作成者から包括的に承諾をとっているというイメージです。）

それでは、X社が提供するリツイート機能を使用せず、投稿をスクリーンショットして画像として貼り付けて引用する行為は著作権侵害に該当するのでしょうか？

これに対して、知財高判令和5年4月13日裁判所HP参照（令和4年（ネ）10060号）は、「スクリーンショットの添付という引用の方法も、著作権法32条1項にいう公正な慣行に当たり得るというべき」と判断し、著作権法において合法的な引用方法であると認めました。この判決の第1審の東京地方裁判所は、スクリーンショットによる引用はX社が認めた引用方法ではなく、X社の規約に違反するものであるから、合法的な引用方法ではないという全く真逆の判断をしていました。なお、知財高裁の判決によっても、引用のためのその他の要件が満たされていることは必要です。例えば、他人の投稿をスクリーンショットして引用した場合でも、元ツイートした人のアカウント名が表示されない引用方法や、あたかも自分の書いたものとして引用した場合は著作権侵害に該当しますので注意が必要です。

●Xの投稿のまとめ記事について

上記のとおり、Xの利用規約では、ユーザーの投稿について、第三者がX社の定めた方法で利用できる権利も認めています。そのため、ツイートのURLを張り付けたり、埋め込み引用（Twitter内でつぶやかれた投稿をホームページに埋め込む方法。その投稿をクリックするとTwitterにつながるようになっています。）を行うことは認められています。ただし、元ツイートした人のアカウント名が表示されない引用方法や、あたかも自分の書いたものとして引用した場合は著作権侵害に該当しますので注意が必要です。

●元ツイートが著作権侵害をしていた場合は？

注意が必要なのは、リツイートした元ツイートが著作権侵害をしていた場合です。例えば、他人が著作権を有する画像を無断でツイートしていた投稿をリツイートした場合は、リツイートした人にも著作権侵害が成立することになります。

これについては最高裁の判例（最三小判令和2年7月21日民集74巻4号1407頁）も出ていて、他人の写真画像についてツイートしていた投稿をリツイートした結果、画像がトリミングされた形で表示されることになり、著作者名の表示部分が表示されなくなった事案で、写真の作成者の著作者人格権を侵害すると判断されました。

●その他のSNSの引用について

その他のSNSの引用についてもX社と同様に、利用規約で認められている引用方法であれば、合法と認められます。利用規約に明確に規定されていなくとも、引用の条件（第2章第1節）をきちんと守ることで引用を行うことができます。

まとめ

　SNSの他人の投稿を引用したい場合はまず利用規約で著作権が誰に帰属しているかを確認しましょう。利用規約のルールに従った引用であれば合法的に引用することができます。

用語の解説

公衆送信：著作権法2条1項7号の2は、「公衆送信」について、「公衆によって直接受信されることを目的として無線通信または有線電気通信の送信（電気通信設備で、その一の部分の設置の場所が他の部分の設置の場所と同一の構内（その構内が二以上の者の占有に属している場合には、同一の者の占有に属する区域内）にあるものによる送信（プログラムの著作物の送信を除く。）を除く。）を行うことをいう。」と定義しています。

▼著作権法32条1項

（引用）

第32条　公表された著作物は、引用して利用することができる。この場合において、その引用は、公正な慣行に合致するものであり、かつ、報道、批評、研究その他の引用の目的上正当な範囲内で行なわれるものでなければならない。

8 従業員が作成した記事の著作権は誰に帰属するの？ 従業員の退職後はどうなるの？

従業員のAさんが仕事で作成してくれた記事を作り直して、新しい記事を作ろうとしているのだけど、Aさんの許可はいるの？ Aさんは既に退職ずみで許可を取るのが大変なんだけど…

大丈夫。従業員が会社の指示に基づいて業務上作成した記事は「職務著作」として、著作権と著作者人格権は会社に帰属するよ

職務著作とは？

　従業員が会社の指示に基づいて業務上作成した著作物は「職務著作」として、著作権と著作者人格権は会社に帰属します（著作権法15条1項）。具体的な要件は以下の4つです。

❶法人その他使用者の発意に基づくものであること
❷法人等の業務に従事する者が職務上作成するものであること
❸法人等が自己の著作の名義の下に公表するものであること
❹作成の時における契約、勤務規則その他に別段の定めがないこと

　❶の要件について、職務著作が成立するためには、著作物作成のイニシアティブが法人側にある必要があります。明確な使用者の意思が示されてい

なかったとしても、雇用契約に基づいて働いている従業員が、会社から与えられた仕事として著作物を作成した場合は、使用者の発意に基づくものと判断されるのが通常です。

　それでは、❷の「法人等の業務に従事する者」とはどこまでの範囲の方が含まれるのでしょうか？最高裁判所の判例（最二小判平成15年4月11日裁判集民209号469頁（RGBアドベンチャー事件））は、「法人等と雇用関係にある者がこれに当たることは明らかであるが、雇用関係の存否が争われた場合には、同項の『法人等の業務に従事する者』に当たるか否かは、法人等と著作物を作成した者との関係を実質的にみたときに、**法人等の指揮監督下において労務を提供するという実態**にあり、**法人等がその者に対して支払う金銭が労務提供の対価であると評価**できるかどうかを、業務態様、指揮監督の有無、対価の額および支払方法等に関する具体的事情を総合的に考慮して、判断すべきもの」と述べました。すなわち、雇用契約にある従業員は「法人等の業務に従事する者」に該当するのですが、雇用契約がなくとも、実質的にみて法人等とその方との間での指揮監督関係があって、労務提供の対価として報酬を支払っていた場合には、「法人等の業務に従事する者」に該当します。

　その他の要件として、❸法人等が自己の著作の名義の下に公表するものこと、❹作成の時における契約、勤務規則その他に別段の定めがないことが必要とされています。

職務著作はどのような権利が会社に帰属するの？

　職務著作に該当する場合、会社は著作物の著作権と著作者人格権を有することになります。そのため、著作物を複製したり（複製権）、公衆へ発信したり（**公衆送信**権）、他人に譲渡したり（譲渡権）、改変して別の著作物を作り出したり（**翻案**権、二次的著作物利用権）することができます。また、著作

者人格権を有しているため、著作物について、創作した従業員の名前を出すことなく、会社の名前で公表することができます。また、従業員が退職していたとしても、退職した従業員の同意を得ることなく、従業員が創作した著作物を自由に改変し、利用することが可能です。

　一方、著作物の創作を外注した場合は、原則として職務著作とはならず、法人が著作権を有したい場合は、外注先との契約の中で取り決めていくことになります。もっとも、著作権は法人に譲渡されたとしても、著作者人格権は譲渡ができない権利であるため、創作者に帰属することに注意が必要です。そのため、契約書のなかで、著作権は依頼者（発注者）にすべて帰属するという定めをしていた場合でも、著作者人格権について何も定めていないと、後で「勝手に公表するな！」「公表の際に名前を表示しろ！」、「勝手に改変するな！」などと言われてしまいます。そのため、契約書では、「乙（受託者）は、甲（依頼者）または甲（依頼者）が指定する第三者に対し、本件著作物に関する著作者人格権を行使しないものとする。」という規定を入れることが一般的です。また、少々細かい話ですが、著作権のうち、翻案権等（著作権法27条）と二次的著作物利用権（著作権法28条）は、譲渡の対象に含まれることをきちんと明示しないと譲渡できないとされているため、契約書で譲渡の対象に含まれることを明示する必要があります（著作権法61条2項）。例：「乙は、甲に対し、本件著作物に関するすべての著作権（**著作権法27条および28条に規定する権利を含む。**）を譲渡する。」

まとめ

　従業員が会社の指示に基づいて業務上作成した著作物は職務著作となり、著作権と著作者人格権は会社に帰属します。そのため、従業員の退職後も会社は自由に著作物を利用できます。他方で、外注先が作成した著作物は原則として職務著作にならず、外注先との契約で著作物を利用できるように合意することが必要です。

公衆送信：著作権法2条1項7号の2は、「公衆送信」について、「公衆によって直接受信されることを目的として無線通信または有線電気通信の送信（電気通信設備で、その一の部分の設置の場所が他の部分の設置の場所と同一の構内（その構内が二以上の者の占有に属している場合には、同一の者の占有に属する区域内）にあるものによる送信（プログラムの著作物の送信を除く。）を除く。）を行うことをいう。」と定義しています。

翻案：既存の著作物に依拠し、かつ、その表現上の本質的な特徴の同一性を維持しつつ、具体的表現に修正、増減、変更等を加えて、新たに思想または感情を創作的に表現することにより、これに接する者が既存の著作物の表現上の本質的な特徴を直接感得することのできる別の著作物を創作する行為をいいます。

▼著作権法15条1項

（職務上作成する著作物の著作者）

第15条　法人その他使用者（以下この条において「法人等」という。）の発意に基づきその法人等の業務に従事する者が職務上作成する著作物（プログラムの著作物を除く。）で、その法人等が自己の著作の名義の下に公表するものの著作者は、その作成の時における契約、勤務規則その他に別段の定めがない限り、その法人等とする。

▼著作権法27条

（翻訳権、翻案権等）

第27条　著作者は、その著作物を翻訳し、編曲し、若しくは変形し、又は脚色し、映画化し、その他翻案する権利を専有する。

▼著作権法28条

（二次的著作物の利用に関する原著作者の権利）

第28条　二次的著作物の原著作物の著作者は、当該二次的著作物の利用に関し、この款に規定する権利で当該二次的著作物の著作者が有するものと同一の種類の権利を専有する。

▼著作権法61条2項

（著作権の譲渡）

第61条　著作権は、その全部又は一部を譲渡することができる。

2　著作権を譲渡する契約において、第27条又は第28条に規定する権利が譲渡の目的として特掲されていないときは、これらの権利は、譲渡した者に留保されたものと推定する。

2

有名人の名前や写真を広告に使っていいの？

うちの会社の商品を芸能人が愛用していることが分かったんだけど、そのことを広告に載せていいの？

有名人の名前を勝手に商品の広告に使用するとパブリシティ権の侵害になるおそれがあるよ。有名人の写真を勝手に使うとパブリシティ権や肖像権の侵害になるおそれがあるよ

パブリシティ権とは？

　有名人の名前や写真については、それを広告として使用すると、「あの有名人も使っているのであれば私も使ってみよう！」という集客効果があります。これを「顧客吸引力」といいます。このように、氏名や肖像等が有する顧客吸引力を独占して使用する権利のことを「パブリシティ権」といいます。

　有名人の名前を無断で商品の広告に使用するとパブリシティ権の侵害になるおそれがあります。レストラン等に芸能人が来店した写真を店内に飾る行為は、当該芸能人が来店した事実を示すものに過ぎず、「広告」とまではいえずパブリシティ権侵害にはならないと考えられていますが、明らかに「広告」というべきチラシなどに、芸能人の名前を無断で使用する場合には、愛用の事実を示すという側面のほかに、「広告」として顧客吸引力を利用しているという側面もあることから、パブリシティ権侵害となるおそれがあります。

最判平成24年2月2日民集66巻2号89頁は、人の氏名や肖像等は、商品の販売等を促進する顧客吸引力を有する場合があり、当該顧客吸引力を排他的に利用する権利（パブリシティ権）が生じることがあると述べる一方で、こうした氏名や肖像等の利用が、他人の正当な表現行為等として受忍されるべき場合があるとも述べたうえで、「専ら肖像等の有する顧客吸引力の利用を目的とする場合」に限り、パブリシティ権を侵害するものとして、不法行為上違法となるとして、下記3つの具体例を示しました。

❶肖像等それ自体を独立して鑑賞の対象となる商品等として使用する場合
　　→ブロマイド、写真集、ポスターなど
❷商品等の差別化を図る目的で肖像等を商品等に付す場合
　　→キャラクター商品（Tシャツ、マグカップ、カレンダーなど）
❸肖像等を商品等の広告として使用する場合

パブリシティ権が問題となる場面は、基本的に上記3つの場合に限られています。また、パブリシティ権は、「人」の氏名や肖像等に生じるとされており、（名馬などの）動物や（漫画の）キャラクターには生じません。ですので、有名キャラクターの名称を使用して広告を行った場合には、商標権侵害の問題が生じる余地はありますが、パブリシティ権侵害の問題は生じません。

肖像権とは？

個人は、みだりに自己の容ぼうを撮影されず、自己の容ぼうを撮影された写真をみだりに公表されない権利を有しており、これを肖像権といいます。
東京地判令和4年10月28日裁判所HP参照（令和3年（ワ）28420号等）は、人の容ぼうの撮影・公表が正当な表現行為、創作行為等として許されるべき場合があると述べたうえで、肖像を無断で撮影、公表等する行為は、「撮

影された者（被撮影者）の被る精神的苦痛が社会通念上受忍すべき限度を超える場合」に限り、肖像権を侵害するものとして、不法行為上違法になるとして、下記3つの具体例を示しました。

❶ 被撮影者の私的領域において撮影しまたは撮影された情報を公表する場合において、当該情報が公共の利害に関する事項ではないとき
❷ 公的領域において撮影しまたは撮影された情報を公表する場合において、当該情報が社会通念上受忍すべき限度を超えて被撮影者を侮辱するものであるとき
❸ 公的領域において撮影しまたは撮影された情報を公表する場合において、当該情報が公表されることによって社会通念上受忍すべき限度を超えて平穏に日常生活を送る被撮影者の利益を害するおそれがあるとき

　この判決からすると、写真中の他人が、私的領域というべき場所（例えば自宅）にいるか、それとも公的領域というべき場所（例えば公道）にいるかという点が、肖像権侵害の有無を決するうえで重要な事情といえます。私的領域における他人の活動が写っている写真については、その他人の活動が、公共の利害に関する事項であり、これを公表すべき必要性が高いといった特別の事情がなければ、肖像権侵害となると解されます。他方、公的領域における他人の活動が写っている写真については、他人の社会的地位、活動内容、撮影の目的、撮影の態様、撮影の必要性、さらには公表の態様も踏まえて、社会通念上受忍すべき限度を超えて、他人を侮辱したり、他人の平穏な日常生活を送る利益を害するおそれがあったりする程度に至っているのでなければ、肖像権侵害にあたらないと解されます。

　客や有名人が店内にいる様子を無断で撮影して、無断でウェブサイトに掲載する行為については、店内は公衆から見える環境にあるため公的領域にあたるでしょう。そのため、その人を侮辱したり、平穏な日常生活を送る

利益を害するおそれがない限りは、肖像権侵害にあたらないと考えられます。もっとも、有名人の写真の使用に関しては、パブリシティ権の侵害に該当するおそれがあることに加え、モラルの上でも人の写真を勝手に広告に使う行為は避けるべきです。写真をウェブ広告などに掲載する際には、事前に写真に写っている人の承諾をとるようにしましょう。なお、肖像権侵害となった場合は、不法行為（民法709条）の規定に基づいて損害賠償請求をされるとともに、画像の削除を求められることになります。

まとめ

　有名人の氏名や画像を使用して自分の提供する商品やサービスの広告を行うことはパブリシティ権の侵害に該当するおそれがあります。店内の写真を使用することは肖像権侵害に該当する可能性は低いですが、パブリシティ権侵害の可能性があることに加え、モラルの上でも問題があります。

▼民法709条

> （不法行為による損害賠償）
> 第709条　故意又は過失によって他人の権利又は法律上保護される利益を侵害した者は、これによって生じた損害を賠償する責任を負う。

第3章 ウェブやSNSでの写真・画像による情報発信と著作権

インターネットに掲載されている写真をウェブサイトや社内のプレゼンで使っていい？

 インターネット上で見つけた山や海の風景の写真を利用してもいい？　社内使用だったら大丈夫？

 著作権侵害となる場合が多いよ！　インターネット上で公開されている写真は、その写真を自由に見ることが認められているだけで、それをコピーするなどして利用することまで認められているわけではないよ。社内使用だからOKとなるわけではないよ

被写体の著作権と写真の著作権

　写真については被写体の著作権と写真の著作権がそれぞれ問題となります。

　被写体が著作物の場合（絵画や彫刻など）、写真を無断で利用すると、被写体の著作権を侵害することになります。被写体が著作物でない場合（山や人など）、被写体の著作権侵害はありえません。

　しかし、被写体が著作物でない自然物のような場合でも、写真の撮影者は、被写体の選択・組合せ・配置、構図・カメラアングルの設定、シャッターチャンスの補足、被写体と光線との関係、陰影の付け方、色彩の配合、部分の強調・省略、背景など、様々な点で創作性を発揮し得るため、風景といった著作物でない自然物を撮影した写真も著作物として保護されます。

　写真の被写体が三次元の立体物（山や人など）の場合、被写体が著作物でなくても、写真が著作物として保護を受けることが多いです。一方、被写体

が平面（絵画や版画など）であり、これを正面から撮影したに過ぎない写真については、著作物として保護されないことが多いです（東京地判平成10年11月30日知財裁集30巻4号956頁）。この場合、写真の著作権は問題とならず、被写体の著作権のみが問題です。

著作物として著作権法上の保護対象となるためには、創作性が必要であるところ、三次元の立体物を撮影する場合、構図やアングルなどにある程度の創作性が肯定できますが、平面の被写体を正面から撮影する場合、そうした創作性が通常認められ難いからです。

まとめると次の図のようになります。

▼写真についての著作権

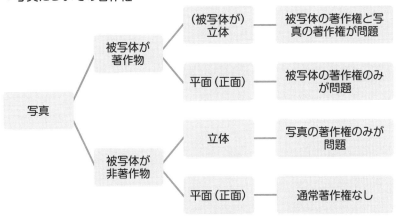

なお、立体物である人を撮影した写真であっても、証明写真機で撮った写真のように創作性が認められないものもあり、上記の図は、目安程度と理解してください。

図に照らし、著作権が発生する写真をコピー等して利用する行為は、原則として著作権侵害になります。もっとも、絵画を正面から撮った写真で、被写体の著作権のみが問題となる場合であって、被写体がかなり昔の絵画であることから、保護期間が切れているときは、著作権侵害の問題は生じません。また、権利制限規定（引用など）が定める態様で利用したり、**クリエイティブ・コモンズ・ライセンス**のルールにのっとって利用したりする場合も適法に利用できます。

なお、被写体が著作物として保護を受けるものである場合、写真の撮影者から利用許諾を受けるだけでは足りず、その被写体の著作権者からも利用許諾を受けるなどの対応が必要になることにご留意ください。

社内での使用は問題ないの？

　著作権法30条1項は、「私的使用」のために著作物を複製（コピー）する行為は適法であるとします。権利制限規定の一つです。しかし、会社において、内部的とはいえ業務上利用するために著作物を複製する行為は、私的使用に該当しないとされています（東京地判昭和52年7月22日無体集9巻2号534頁）。

　したがって、社内使用は、閉鎖的な空間における限定的な利用ではあるものの、私的使用ということはできず、著作権法30条1項の適用はありません。事実上、著作権者が社内使用の事実を確認することが困難であり、権利行使が難しいという事情があるとしても、社内使用が適法というわけではありません。

　次に、著作権法32条は、公表された著作物を引用して利用することについて、それが「公正な慣行に合致するものであり、かつ、報道、批評、研究その他の引用の目的上正当な範囲内で行なわれるもの」である場合、著作権を侵害しないとします。プレゼンへの利用は、この引用として適法に利用できる場合があります。プレゼンに必要となる写真を、必要な限度・大きさで、その写真の出所を（URLなどで）明示しながら、プレゼン資料のごく一部分に利用する行為は適法となるでしょう。

　このほか、著作権法30条の3では、著作権者の許諾（ライセンス）を得て著作物（写真等）を利用しようとする場合に、この利用検討の過程における、必要な限度での当該著作物の利用は、著作権を侵害しないとされており、これも権利制限規定の一つです。

まとめ

インターネットに掲載されている写真は著作物といえるものが多いです。社内使用は私的使用とはいえず、著作権侵害にあたり得る行為です。

しかし、被写体が平面であり、それを正面から撮ったに過ぎない写真は、その被写体が著作物でなかったり、保護期間が経過したりしているときは、適法に利用できます。また、たとえ著作物と言い得る写真であっても、クリエイティブ・コモンズ・ライセンスやフリー素材に係る利用規約に沿う形で適法に利用できる場合があります。このほか、引用などの権利制限規定に基づき、権利者の許諾を受けずに適法に利用することができる場合もあります。

クリエイティブ・コモンズ・ライセンス（CCライセンス）：インターネット時代のための新しい著作権ルールであり、作品を公開する作者が「この条件を守れば作品を自由に使って構いません。」という意思表示をするためのツールです。CCライセンスは6種類あります。

CC BY

原作者が求めるクレジット表示を行えば、営利目的の利用もOKですし、さらには改変することも許される、最も自由度の高いCCライセンスです。

CC BY-SA

原作者が求めるクレジット表示を行えば、改変も、営利目的の利用もOKですが、改変した作品にも元の作品と同じCCライセンスをつけて公開することが条件です。

CC BY-ND

　原作者が求めるクレジット表示をすれば、営利目的での利用が許されますが、元の作品の改変は許されません。

CC BY-NC

　原作者が求めるクレジット表示をすれば、改変や改変した作品の再配布も可能です。ただし、非営利目的の利用に限られます。

CC BY-NC-SA

　原作者が求めるクレジット表示をし、非営利目的利用の場合に限り、改変や再配布が許されます。改変を行った場合には、元の作品と同じ組み合わせのCCライセンスで公開する必要があります。

CC BY-NC-ND

　原作者が求めるクレジットを表示し、非営利利用の場合であって、かつ、元の作品を改変しないことを条件として、作品の自由な再配布を認めるものです。

▼著作権法30条1項

（私的使用のための複製）

第30条　著作権の目的となっている著作物（以下この款において単に「著作物」という。）は、個人的に又は家庭内その他これに準ずる限られた範囲内において使用すること（以下「私的使用」という。）を目的とするときは、次に掲げる場合を除き、その使用する者が複製することができる。

〜省略〜

▼著作権法30条の3

（検討の過程における利用）

第30条の3　著作権者の許諾を得て、又は第67条第1項、第68条第1項若しくは第69条の規定による裁定を受けて著作物を利用しようとする者は、これらの利用についての検討の過程（当該許諾を得、又は当該裁定を受ける過程を含む。）における利用に供することを目的とする場合には、その必要と認められる限度において、いずれの方法によるかを問わず、当該著作物を利用することができる。ただし、当該著作物の種類及び用途並びに当該利用の態様に照らし著作権者の利益を不当に害することとなる場合は、この限りでない。

3

▼著作権法32条

（引用）

第32条　公表された著作物は、引用して利用することができる。この場合において、その引用は、公正な慣行に合致するものであり、かつ、報道、批評、研究その他の引用の目的上正当な範囲内で行なわれるものでなければならない。

2　国等の周知目的資料は、説明の材料として新聞紙、雑誌その他の刊行物に転載することができる。ただし、これを禁止する旨の表示がある場合は、この限りでない。

2 販売促進のために、他人が撮影した書籍（表紙）や商品の写真をウェブサイトで自由に使っていい？　自分で撮影したものを使えばOK？

書籍や商品を転売するにあたり、他人が撮影した書籍（表紙）や商品の写真をウェブサイトで自由に使っていい？

他人が撮影した書籍（表紙）の写真は自由に使える場合があるけど、他人が撮影した商品（立体物の場合）の写真は自由に使えない場合が多いよ。転売対象商品を自分で撮影した写真を使うのが安全だよ

転売と著作権

　書籍や商品それ自体が著作物として著作権法による保護を受ける場合があります。書籍の内容はもとより、書籍の表紙がユニークであったり、商品がキャラクターのフィギュアであったりすると著作権法による保護の対象になります。こうした書籍や商品を転売する行為は譲渡権（著作権の一つ）の侵害となるのかというとそうはなりません。著作物というべき書籍や商品が、一度、著作権者またはその許諾を得た者により適法に販売されたときは、商品の譲渡権は**消尽**し（著作権法26条の2第2項1号）、当該商品を転売する行為が著作権侵害となることはありません。

　転売者が、転売対象の書籍の表紙や商品（フィギュア等）の写真を撮ってチラシを作ったり、その写真をネットにアップロードして販売活動を行ったりすることも許されます。著作権法47条の2において、著作物の所有者が、

当該著作物にかかる譲渡権を侵害しない態様で、それらを譲渡する場合、当該著作物について、(著作権者の同意なしに)**一定の条件**のもとで、複製(コピー)したり、**公衆送信**(ネット送信等)したりできると規定されているからです。

　しかし、転売対象となる書籍や商品にかかる(他人が撮影した)写真についてまで、著作権法47条の2により、自由に使えることにはなりません。当該写真が著作物として保護される場合、これを無断で利用する行為は著作権侵害となります。以下では、他人が撮影した、書籍(表紙)の写真と商品(立体物)の写真について、著作物として保護されて自由利用が認められないものか、それとも、著作物として保護されず自由利用が認められるかについてみていきます。

他人が撮影した写真の広告的利用

● 他人が撮影した書籍(表紙)の写真の利用

　書籍の表紙(被写体が平面)を正面から撮影した写真については、構図やアングルなどに創作性が認められず、写真自体の著作物性が認められない場合が多いです。こうした写真を無断で利用しても、撮影者の著作権を侵害することはありません。

　しかし、被写体となる書籍(表紙)のデザイナーの著作権を侵害する可能性はあります。表紙のデザインが著作物でなければ、他人が撮影した書籍(表紙)の写真には、著作物として保護される内容が含まれない結果、自由利用が認められますが、表紙のデザインが著作物であれば、このデザインが写った写真には、著作物として保護される内容が含まれることから、当該写真を適法に利用するには、先に述べた著作権法47条の2の要件(**一定の条件**)を満たす必要があります。

　表紙デザインの著作物性について、下記❶(問題集の表紙)は著作物として保護される一方、下記❷(カタログの表紙)は著作物として保護されないと判断されました。❷について、裁判所は、縞模様の縞の幅を一定とせずに

徐々に変化させていく表現は一般にみられる平凡なものであることなどを指摘しました。

▼❶東京地判平成16年6月25日裁判所HP参照（平成15年（ワ）第4779号）

原告イラスト

出典：判決別紙より（株式会社ナンバースリーが平成8年8月29日に発行したカタログ「デザイナーズディクショナリー5」に掲載されたイラスト）

▼❷知財高判平成28年12月21日判時2340号88頁

原告カタログ

出典：判決別紙より

●他人が撮影した商品（立体物）の写真の利用

　商品は立体物である場合が多く、三次元の立体物を撮影する場合、構図やアングルなどにある程度の創作性が肯定でき、被写体の保護とは別に、写真自体も著作物として保護される場合が多いです。裁判所は、下記❸のような商品写真について著作物であるとして撮影者の著作権を肯定しました。

▼❸知財高判平成18年3月29日判タ1234号295頁
原告写真

出典：株式会社ラフィーネHP（http://smellget.trialmall.com/ranali-log/）より

3

　このように、商品写真については、写真自体に著作物性が認められ、これを無断で利用すると撮影者の著作権を侵害することになります。

　こうした写真の著作権とは別に、被写体（商品）の著作権も問題となりますが、商品がぬいぐるみといった例外的な場合を除き、商品・パッケージの三次元の立体形状は著作物として保護されない場合が多いです。商品の立体形状は、基本的に、著作権法ではなく、意匠法により保護されるべきと解されているからです。もっとも、商品・パッケージ上に、二次元の絵や模様が描かれている場合、著作権法で保護されるべき対象となり、書籍の表紙の場合と同様、それが美術の範囲に属する創作性のある絵や模様であるときは著作物として著作権法により保護されます。

　いずれにしても、他人が撮影した、商品（立体物）の写真は、少なくとも撮影者の著作物というべきものであり、これを無断で利用することは、たとえ転売目的の利用であっても適法に行うことはできません。この撮影者の著作物というべき商品写真は、転売対象商品それ自体の著作物ではなく、これ

とは別個の著作物であって、著作権法47条の2が一定の条件にもとで自由利用を認めている著作物ではないことから、同条の適用により適法に利用できることにはなりません。したがって、他人が撮影した商品（立体物）の写真は利用せず、自分で撮影した写真を使って広告を行うべきです。

まとめ

書籍の所有者が、当該書籍を販売するにあたり、他人が撮影した書籍（表紙）の商品写真を自由に使える場合はあります。他方、商品（立体物）の所有者は、当該商品の販売にあたり、他人が撮影した商品写真を自由に使えない場合が多いです。当該商品を自ら撮影した写真を使って販売活動をされるべきです。

用語の解説

消尽：著作権者自身またはその許諾を得た者が、著作物の原作品または複製物を販売等の方法によりいったん市場の流通におくと、以後の譲渡には著作権（譲渡権）が及ばないことをいいます。

一定の条件：図画として複製（コピー）するときは、複製物にかかる著作物の大きさが50平方センチメートル以下とする必要があり、デジタル方式より複製する場合は、複製される著作物の影像に関する画素数が32400以下とする必要があるといった条件があります。出所を明示する義務もあります（著作権法48条1項2号）。

公衆送信：著作権法2条1項7号の2は、「公衆送信」について、「公衆によって直接受信されることを目的として無線通信または有線電気通信の送信（電気通信設備で、その一の部分の設置の場所が他の部分の設置の場所と同一の構内（その構内が二以上の者の占有に属している場合には、同一の者の占有に属する区域内）にあるものによる送信（プログラムの著作物の送信を除く。）を除く。）を行うことをいう。」と定義しています。

▼著作権法26条の2第2項1号

（譲渡権）

第26条の2　著作者は、その著作物（映画の著作物を除く。以下この条において同じ。）をその原作品又は複製物（映画の著作物において複製されている著

作物にあつては、当該映画の著作物の複製物を除く。以下この条において同じ。)の譲渡により公衆に提供する権利を専有する。

2　前項の規定は、著作物の原作品又は複製物で次の各号のいずれかに該当するものの譲渡による場合には、適用しない。

    1　前項に規定する権利を有する者又はその許諾を得た者により公衆に譲渡された著作物の原作品又は複製物

    〜省略〜

▼著作権法47条の2

（美術の著作物等の譲渡等の申出に伴う複製等）

第47条の2　美術の著作物又は写真の著作物の原作品又は複製物の所有者その他のこれらの譲渡又は貸与の権原を有する者が、第26条の2第1項又は第26条の3に規定する権利を害することなく、その原作品又は複製物を譲渡し、又は貸与しようとする場合には、当該権原を有する者又はその委託を受けた者は、その申出の用に供するため、これらの著作物について、複製又は公衆送信（自動公衆送信の場合にあつては、送信可能化を含む。）（当該複製により作成される複製物を用いて行うこれらの著作物の複製又は当該公衆送信を受信して行うこれらの著作物の複製を防止し、又は抑止するための措置その他の著作権者の利益を不当に害しないための措置として政令で定める措置を講じて行うものに限る。）を行うことができる。

▼著作権法48条1項2号

（出所の明示）

第48条　次の各号に掲げる場合には、当該各号に規定する著作物の出所を、その複製又は利用の態様に応じ合理的と認められる方法及び程度により、明示しなければならない。

    〜省略〜

    2　第34条第1項、第37条第3項、第37条の2、第39条第1項、第40条第1項若しくは第2項、第47条第2項若しくは第3項又は第47条の2の規定により著作物を利用する場合

3

3 建築物の写真は自由に使っていい？

建築物の写真を使いたいんだけど、他人が撮影した写真と自身で撮影した写真のどちらも自由に使っていい？

他人が撮影した写真は自由に使えないことが多いけど、自身で撮影した写真は基本的に自由に使えるよ

建築物の著作権と写真の著作権

　被写体（建築物）の著作権と写真の著作権を分けて考える必要があります。

　被写体となる建築物は立体物です。立体物を撮影する場合、構図やアングルなどにある程度の創作性が肯定でき、被写体の保護とは別に、写真自体も著作物として保護される場合が多いです。そのため、他人が撮影した建築物の写真については、撮影者の著作権が発生し、これを使うためには、通常、撮影者から許諾を得る必要があります。

　次に、被写体となる建築物の著作権ですが、この著作権が理由で、建築物の写真が使えないという事態はあまり起きません。その理由は、

❶建築物が著作物として、著作権法上保護される場合が限られていること
❷歴史的建造物については著作権の保護期間が過ぎていること
❸建築の著作物は、原則として自由に利用できる旨の規定（著作権法46条）が存在すること

にあります。特に、❸が重要です。

　上記❶について、大阪高判平成16年9月29日裁判所HP参照（平成15年（ネ）3575号）は、グッドデザイン賞を受賞した下記写真の建築物について、建築の著作権として保護されるためには、一般住宅の建築において通常加味される程度の美的創作性を上回る、造形芸術としての美術性を備えていることが必要と述べ、量産される建売分譲住宅等の建築が将来著作権により過度に制約される事態を避けるべく、高いハードルを設定して、著作物性を否定しました。

▼原告建築物

出典：判決別紙より

　こうした判断からすると、一般の建売住宅やオフィスビルなどは著作物として保護されないものがほとんどです。一方、寺院の外観は、著作物として保護されるものが多いと考えられますが、著作権が切れており**パブリックドメイン**となっているものが多いといえるでしょう。上記❸については、以下のとおりです。

3

建築の著作物の利用等

●建築の著作物の利用

著作権法46条は、「建築の著作物」について、(ア)「建築の著作物」を建築により複製し、またはその複製物を譲渡により公衆に提供する場合、(イ) 専ら「美術の著作物」の複製物の販売を目的として複製し、またはその複製物を販売する場合を除き、自由に利用することができると規定します。

上記(ア)は、建築の著作物を他人が建築という方法で複製する行為に限って禁止するものであり、他人が建築物の写真を撮影する方法により複製する行為は許されています。

上記(イ)では、「建築の著作権」という言葉は使われておらず、「美術の著作物」という言葉が使われています。そうすると、「建築の著作物」の複製物（建築物の写真等）の販売は、「美術の著作物」の複製物の販売ではないため、許されるようにも思われます。しかし、上記の大阪高等裁判所の判決では、「建築の著作物」として保護されるためには、「造形芸術としての美術性」を備えている必要があるとされていることから、著作物として保護される建築物は、「美術の著作物」と評価できるものです。したがって、「建築の著作物」の複製物（建築物の写真等）を販売する行為は、上記(イ)の場合にあたるものとして、建築の著作権を侵害するものと考えます。

以上の次第で、上記(ア)(イ)のような例外的な場合でなければ、著作物として保護される建築物を撮影して自由に利用することが広く認められています。

●契約違反

テーマパーク内の建築物や歴史的建造物について、これらの建築物がある敷地に入るにあたり入場券を購入し、その際に、入場条件が提示されて、それに同意した場合に限り入場できる場合があります。その条件中に、建築物を撮影した写真を使って営利的な活動をしてはならないことやさらに厳しい条件が記載されていることがあります。これに反した行為をすると、契

約違反の問題が発生しますので、ご注意ください。

まとめ

　他人が撮影した建築物の写真は自由に使えないことが多いものの、自身で撮影した建築物の写真は基本的に自由に使うことができます。他人の施設内にある建築物については、著作権侵害の問題のほかに、契約違反の問題が生じる場合があります。

用語の解説

パブリックドメイン：著作権により保護されていた著作物が、著作権の保護期間を経過して社会の公共財産になり、誰でも自由に利用できるようになったものをいいます。

▼著作権法46条

（公開の美術の著作物等の利用）

第46条　美術の著作物でその原作品が前条第2項に規定する屋外の場所に恒常的に設置されているもの又は建築の著作物は、次に掲げる場合を除き、いずれの方法によるかを問わず、利用することができる。

1　彫刻を増製し、又はその増製物の譲渡により公衆に提供する場合

2　建築の著作物を建築により複製し、又はその複製物の譲渡により公衆に提供する場合

3　前条第2項に規定する屋外の場所に恒常的に設置するために複製する場合

4　専ら美術の著作物の複製物の販売を目的として複製し、又はその複製物を販売する場合

4 ネット上のフリー素材は自由に使えるの？

フリー素材という記載があれば、自由に使って大丈夫？

フリー素材だからといって、どんな使い方をしてもOK というわけではないよ

フリー素材利用の注意点

　フリー素材であることから直ちに自由に使えるというわけではありません。例えば、フリー素材のデザインを用いてロゴを作り、当該ロゴを商標出願・登録してビジネスを行うと、フリー素材として利用できる範囲を超えるとして、規約違反になることがあります。フリー素材の提供者の規約に、「商用利用」は認めない旨の定めがあることもあり、注意が必要です。

　フリー素材の利用にあたっては、規約違反と権利関係（著作権の帰属等）という2点に注意すべきです。以下でそれぞれについて述べていきます。

利用規約と権利関係

●利用規約

　著作権として保護される素材（写真等）がフリー素材として提供されている場合、それを利用する際には、利用規約に目を通す必要があります。「フ

リー」素材とはいっても、無料というわけではなく、**ロイヤリティフリー**の意味である場合があるほか、素材そのものは無料で入手できるとしても、素材を一定の数以上使うと有料になる場合もあります。また、上で述べたように、商用使用不可という場合や、改変不可という場合もあり、どういった範囲で、適法に利用できるものか確認しておく必要があります。

　例えば、次のような規約が存在します。

「PIXTA」

　一度、一定の料金を支払って、素材利用の許諾を受ければ、利用許諾の範囲内で何度でも利用できるロイヤリティフリーの素材を集めたサイトです。規約に、「ロゴ、サービスマーク、その他商標、意匠等の権利が発生するものへの使用」は禁止すると記載されています。

「いらすとや」

　個人のイラストレーターが運営しているイラストのフリー素材サイトです。基本的に無料で利用できますが、「素材を21点以上使った商用デザイン」は有償になると記載されています。

●権利関係

　フリー素材の提供者が規約に従って素材を利用しておけば、著作権侵害の問題が起こらないというわけではありません。フリー素材の提供者が、著作権者ではなく、素材の利用を許諾できる立場になかったり、権利関係（著作権の帰属等）を把握できていなかったりする場合があります。東京地判平成27年4月15日裁判所HP参照（平成26年（ワ）24391号）で、被告が、「著作権侵害の対象となった写真について、フリー素材を扱うサイトから入手したものであるため、自身には過失がなく損害賠償責任を負わない」旨主張したのに対し、裁判所は、「権利関係の不明な著作物の利用を控えるべきことは、著作権を侵害する可能性がある以上当然」と述べて、被告の主張を認めず、被告に損害賠償を命じました。こうした裁判例からすれば、フリー素材の提供者が定める規約に従うだけでは足りません。フリー素材を配布しているサイトの信頼性（運営者、運営態様、他人による評価等）を確認する

3

ことは重要です。運営態様について、例えば、アフィリエイト広告収入を目的とし、ネット上でみつけた画像を無断で貼り付けて「フリー素材」と表記している場合もあり、(明らかに他人の重要な著作物というべきものがフリー素材として掲載されていることが確認できたり、サイトの作りが稚拙で、かつ、他社の商品広告 (によるアフィリエイト広告収入目的) がメインのサイトと見受けられたりするなど) 疑わしいサイトの利用は避けるべきです。また、フリー素材の提供者自身がクリエイターではなく、フリー素材を配布するウェブサイトに素材を提供することで対価を受け取れる仕組みである場合、違法意識の低い (クリエイターと称する) 利用者が報酬目的で他人の著作物を勝手に素材として (フリー素材の提供者に) 提供しているケースもあります。利用対象の素材が画像であるときは、Google画像検索を利用して調べ、クリエイターとおぼしき他人が、有料で当該画像を販売していることが確認できたときは、フリー素材の提供者が、権利関係 (著作権の帰属等) について正確に把握しないままにフリー素材として提供している可能性が疑われます。

まとめ

　フリー素材を利用するときは、利用規約に目を通して、利用できる範囲でルールを守って利用するようにしましょう。また、素材提供者の利用規約に従っていても、当該提供者が著作権者ではないといった理由で、素材の利用を許諾する立場にないときは、著作権侵害のリスクがあります。素材提供サイトの信頼性 (運営者、運営態様、他人の評価等) を確認し、リスクがありそうな素材は利用しないといった対応が必要です。

用語の解説

ロイヤリティフリー：一度、一定の料金を支払って、素材利用の許諾を受ければ、利用許諾の範囲内で何度でも利用できるものをいいます。

5 有名人の氏名や写真を使ってもいい？ テレビ映像をスクリーンショットしたものは使ってOK？

有名人の氏名を使ったり、有名人の容ぼうを（自分で撮影した）写真を使ったりしても、著作権侵害はなく自由に使って大丈夫？ 有名人が映ったテレビ映像をスクリーンショットしたものはどうかな？

パブリシティ権侵害のおそれがあるよ。テレビ映像のスクリーンショットの利用は著作権侵害のおそれもあるよ

3

パブリシティ権とは？

　有名人の氏名や容ぼうは著作権で保護されていません。有名人の容ぼうを自分で撮影する場合、その写真を利用する行為が、他人の著作権を侵害することはありません。しかし、有名人の氏名や肖像には、**パブリシティ権**が発生するとされ、利用が制限されています。

　最判平成24年2月2日民集66巻2号89頁は、人の氏名や肖像等は、商品の販売等を促進する顧客吸引力を有する場合があり、当該顧客誘引力を排他的に利用する権利（パブリシティ権）が生じることがあると述べる一方で、こうした氏名や肖像等の利用が、他人の正当な表現行為等として受忍されるべき場合もあるとも述べたうえで、「専ら肖像等の有する顧客吸引力の利用を目的とする場合」に限り、パブリシティ権を侵害するものとして、不法行為上違法となるとして、下記3つの具体例を示しました。

❶肖像等それ自体を独立して鑑賞の対象となる商品等として使用する場合

　　→ブロマイド、写真集、ポスターなど

❷商品等の差別化を図る目的で肖像等を商品等に付す場合

　　→キャラクター商品（Tシャツ、マグカップ、カレンダーなど）

❸肖像等を商品等の広告として使用する場合など

　まず、パブリシティ権は、「人」の氏名や肖像等に生じ、（名馬などの）動物や（漫画の）キャラクターには生じません。また、パブリシティ権侵害となる場合は、基本的に、上記3つの場合に限られています。上記❸における『など』という表記について、これは、❸の外延を例外的に拡張するものではなく、肖像等の新たな利用形態の発展の余地を残すものとして、極めて例外的な類型に限られるとすべきであり、❸の限界事例が『など』に該当することはありません（中島基至「パブリシティ権」牧野利秋等編『知的財産訴訟実務大系Ⅲ』337頁（青林書院））。

　上で述べた判決では、次の太線で囲った部分のピンク・レディーの写真が無断で利用されたことが問題となりました。

▼被告記事

出典：「女性自身」2007年2月27日号（光文社）より

　裁判所は、（ア）記事の内容が、ピンク・レディーそのものを紹介するもの

ではなく、ピンク・レディーの曲の振り付けを利用したダイエット法につき、その効果を見出しに掲げ、イラストと文字によって、これを解説するとともに、子供の頃にピンク・レディーの曲の振り付けをまねていたタレントの思い出を紹介するものであること、（イ）記事に使用された写真は、約200頁の雑誌全体の3頁の中で使用されたに過ぎないうえ、いずれも白黒写真であって、その大きさも、縦2.8cm、横3.6cmないし縦8cm、横10cm程度であったことについてそれぞれ指摘し、ピンク・レディーの写真は、記事の内容を補足する目的で使用したものであって、専らピンク・レディーの肖像が有する顧客吸引力の利用を目的とするものとはいえないと判断しました。

このことからすれば、有名人の肖像が持つ顧客吸引力を利用することが本来の目的ではない記事において、有名人の写真が、当該記事の内容を補足するために必要な限度で使用されているに過ぎないときは、パブリシティ権侵害を構成しないと考えられます。

このほか、飲食店に芸能人が来店した写真を店内に飾るような行為も、来店事実を示すものに過ぎないことから、上記❸の「広告」と評価することができず、パブリシティ権侵害とはなりません。芸能人と会ったり、共演したりした事実を単に示すために、自身で撮影したツーショット写真を使う場合も、パブリシティ権侵害とならないでしょう。

このように、パブリシティ権侵害が成立する場合は限られていますが、有名人の氏名を使ったり、肖像等の写真を使ったりする場合、パブリシティ権侵害に注意が必要です。

著作権と商標権

●著作権

テレビの映像には著作物性があり、これを複製（コピー）等する行為は著作権侵害となりえます。

東京地判令和3年10月26日裁判所HP参照（令和3年（ワ）8702号）は、

原告が著作権を有する動画を、スクリーンショット機能を用いて画像とし、前記動画の一場面を再製した行為について、著作権侵害があると判断しました。したがって、テレビ映像をスクリーンショットしたり、スクリーンショット画像を利用したりする行為は、著作権法30条所定の「私的使用」(第3章第1節参照)や著作権法32条所定の「引用」(第2章第1節参照)といった権利制限規定に該当しない限り、著作権侵害になりえます。有名人が映ったテレビ映像をスクリーンショットして、これをスマホの待ち受け画面にする行為は、「私的使用」として許されますが、スクリーンショット画像をSNSにアップすると、もはや「私的使用」とはいえず、「引用」等にあたるといった例外的な場合でない限り、著作権侵害となります。

●商標権

　これまで、氏名を含む商標の登録は、極めて困難でした。たとえ出願人の氏名がブランドとして有名であっても、同姓同名の他人が日本のどこかに存在する限り、氏名の商標登録は困難でした。こうした状況下で、知財高判令和3年8月30日判時2519号66頁は、「マツモトキヨシ」というフレーズからなる音商標について、当該音が一般に人の氏名を指し示すものとして認識されず、一般にブランド(店名等)として認識されるときは、商標登録が認められると判断しました。この判決が出されてから、氏名からなるブランドの商標登録が認められるよう、商標法を改正する動きが進み、法改正により登録要件が緩和されました。他人の氏名の使用については、商標権侵害も問題になりえます。ただし、商標法は、商品・サービスの出所を識別する標識としての使用(換言すれば、「ブランドとしての使用」)を禁ずる法律です。例えば、有名なブランドというべき氏名(TAKEO KIKUCHIなど)を、当該ブランドの最近の動きを説明する記事において、説明的に使用するといった場合、商品・サービスのブランドとして使用されていないことから、商標権侵害の問題は生じません。

まとめ

　有名人の氏名を使ったり、有名人の容ぼうを自分で撮影した写真を使ったりする場合、著作権侵害の問題は基本的に生じません。しかし、パブリシティ権侵害の問題が生じることがあります。「専ら肖像等の有する顧客吸引力の利用を目的とする場合」に限り、パブリシティ権侵害となります。有名人が映ったテレビ映像をスクリーンショットしたものを利用する行為については、パブリシティ権侵害の問題のほか、著作権侵害の問題が生じます。著作権法が定める権利制限規定に該当しない限り、基本的の著作権侵害となるため、特に注意が必要です。

　このほか、商品・サービスのブランドとして、他人の氏名を使用する行為は、別途、商標権侵害の問題が生じることがありますので、ご注意ください。

3

用語の解説

> **パブリシティ権**：人の氏名や肖像等は、商品の販売等を促進する顧客吸引力を有する場合があり、このような顧客吸引力を排他的に利用する権利をいいます。

▼著作権法30条

（私的使用のための複製）

第30条　著作権の目的となつている著作物（以下この款において単に「著作物」という。）は、個人的に又は家庭内その他これに準ずる限られた範囲内において使用すること（以下「私的使用」という。）を目的とするときは、次に掲げる場合を除き、その使用する者が複製することができる。

1　公衆の使用に供することを目的として設置されている自動複製機器（複製の機能を有し、これに関する装置の全部又は主要な部分が自動化されている機器をいう。）を用いて複製する場合

2　技術的保護手段の回避（第2条第1項第20号に規定する信号の除去若しくは改変その他の当該信号の効果を妨げる行為（記録又は送信の方式の変換に伴う技術的な制約によるものを除く。）を行うこと又は同号に規定する特定の変換を必要とするよう変換された著作物、実演、レコード若しくは放送若しくは有線放送に係る音若しくは影像の復元を行うことにより、当

該技術的保護手段によつて防止される行為を可能とし、又は当該技術的保護手段によつて抑止される行為の結果に障害を生じないようにすること（著作権等を有する者の意思に基づいて行われるものを除く。）をいう。第113条第7項並びに第120条の2第1号及び第2号において同じ。）により可能となり、又はその結果に障害が生じないようになつた複製を、その事実を知りながら行う場合

3　著作権を侵害する自動公衆送信（国外で行われる自動公衆送信であつて、国内で行われたとしたならば著作権の侵害となるべきものを含む。）を受信して行うデジタル方式の録音又は録画（以下この号及び次項において「特定侵害録音録画」という。）を、特定侵害録音録画であることを知りながら行う場合

4　著作権（第28条に規定する権利（翻訳以外の方法により創作された二次的著作物に係るものに限る。）を除く。以下この号において同じ。）を侵害する自動公衆送信（国外で行われる自動公衆送信であつて、国内で行われたとしたならば著作権の侵害となるべきものを含む。）を受信して行うデジタル方式の複製（録音及び録画を除く。以下この号において同じ。）（当該著作権に係る著作物のうち当該複製がされる部分の占める割合、当該部分が自動公衆送信される際の表示の精度その他の要素に照らし軽微なものを除く。以下この号及び次項において「特定侵害複製」という。）を、特定侵害複製であることを知りながら行う場合（当該著作物の種類及び用途並びに当該特定侵害複製の態様に照らし著作権者の利益を不当に害しないと認められる特別な事情がある場合を除く。）

2　前項第3号及び第4号の規定は、特定侵害録音録画又は特定侵害複製であることを重大な過失により知らないで行う場合を含むものと解釈してはならない。

3　私的使用を目的として、デジタル方式の録音又は録画の機能を有する機器（放送の業務のための特別の性能その他の私的使用に通常供されない特別の性能を有するもの及び録音機能付きの電話機その他の本来の機能に附属する機能として録音又は録画の機能を有するものを除く。）であつて政令で定めるものにより、当該機器によるデジタル方式の録音又は録画の用に供される記録媒体であつて政令で定めるものに録音又は録画を行う者は、相当な額の補償金を著作権者に支払わなければならない。

▼著作権法32条

(引用)

第32条 公表された著作物は、引用して利用することができる。この場合において、その引用は、公正な慣行に合致するものであり、かつ、報道、批評、研究その他の引用の目的上正当な範囲内で行なわれるものでなければならない。

2 国等の周知目的資料は、説明の材料として新聞紙、雑誌その他の刊行物に転載することができる。ただし、これを禁止する旨の表示がある場合は、この限りでない。

3

6 キャラクターが写り込んだ写真を ウェブやSNSで掲載していい？

家族の思い出を残すために、好きなキャラクターのぬいぐるみを子供に抱かせて写真を撮り、その写真をSNS上で親しい友人にのみ公開することは大丈夫？

キャラクターのぬいぐるみに関する著作権を侵害しない可能性が高いよ

付随対象著作物の利用 (法改正について)

　著作権法30条の2は、写真の撮影等をするにあたり、付随して撮影等の対象となる他人の著作物について、当該著作物が軽微な構成部分となるに過ぎない場合、正当な範囲内で、著作権者の利益を不当に害することのない態様で利用することができると規定します。

　この付随対象著作物の自由利用を認める旨の権利制限規定は、平成24年の著作権法改正によって創設されたもので、令和2年の改正により、自由利用が認められる範囲が広がりました。

　改正前は、「分離困難性」という要件があり、適法に利用できる他人の著作物は、メインの被写体から分離が困難なものに限定されていました。例えば、家族の思い出を残すために子供にぬいぐるみを抱かせて写真を撮影する場合など、自ら意図的に他人の著作物 (ぬいぐるみ) を設置して撮影を行うときには、著作権法30条の2の適用は困難でした。また、著作権法30条1項は権利制限規定として、私的使用を定めますが、同条は私的使用目的の『複製』(コピー) を許容するものに過ぎず、SNS上で親しい友人にのみ公開

する行為は**公衆送信**というべき行為であり、著作権法30条1項では適法になりえません。ちなみに、付随対象著作物の利用を定めた著作権法30条の2は、「複製」のみならず、「公衆送信」を含む幅広い利用を認めています。

改正後は、「分離困難性」が必須の要件ではなくなり、「正当な範囲内」の利用か否かを判断する際の考慮要素の一つになりました。したがって、子供の写真を撮影するにあたり、好きなキャラクターのぬいぐるみを子供に抱かせて写真を撮る場合のように、他人の著作物であるぬいぐるみを分離することが困難とはいえなくとも、利益を得る目的ではなく、単に家族の思い出を残したり、親しい友人に近況を知らせたりする目的で行われていると評価できる場合には、「正当な範囲内」の利用として、著作権法30条の2が適用可能です。

付随対象著作物の利用（要件と考慮要素について）

著作権法30条の2所定の自由利用が認められるには、

❶メインの伝達行為に付随して対象となる他人の著作物が、伝達物における軽微な構成部分に過ぎないこと
❷他人の著作物が正当な範囲内で利用されていること
❸著作権者の利益を不当に害さないこと

の各要件を満たす必要があります。

上記❶の「軽微性」について、伝達物に占める他人の著作物の割合、当該著作物の精度、伝達物（作品）全体のテーマとの関係における著作物の重要性といった事情が考慮されます。例えば、写真における他人の著作物が占める面積の割合が小さいほど軽微と評価されやすく、映像の場合は、「面積」の割合のほか、「時間」の割合も考慮対象となり、画面上に大きく映る場合でも、ごく短時間映るに過ぎないときは、軽微と評価されます。また、画質も

問題となり、画質が低いほど軽微と評価されやすく、さらに、伝達物である作品全体のテーマと他人の著作物との関係性が薄く、当該著作物の重要性が低いほど軽微と評価されやすくなります。

上記❷の「正当性」について、他人の著作物の利用により利益を得る目的の有無、伝達物から他人の著作物を分離することが困難である程度、伝達物において他人の著作物が果たす役割などが考慮されます。例えば、経済的な利益を得る目的を有していたり、他人の著作物を意図的に入れ込んでいたり、伝達物である作品のテーマとの関連性が強く、作品の中で他人の著作物が重要な役割を果たしていたりする場合、こうした各事情は正当性を否定する方向に働きます。もっとも、ある一つの考慮要素について不利に評価されることのみをもって、正当性が否定されることにはならず、例えば、意図的に他人の著作物を入れ込んでいるとしても家族の思い出を残すといった目的で行う場合には正当と評価される可能性が十分にあります。

上記❸の「不当性」について、上記❷の「正当性」との関係が問題です。正当と評価できる行為が、不当と評価されるはずもなく、そうであれば、「正当性」要件のほかに、「不当性」要件を求める理由はないように思われるからです。この点、「正当性」は、写真撮影等を行った行為者側の事情を考慮して判断されるものであるのに対し、「不当性」は、写り込んだ著作物の種類や価値など著作権者側の事情を考慮して、著作権者の経済的利益が不当に害される結果を回避するという観点から検討されます。行為者の立場に立てば、やむを得ずに写り込んだものとして正当性があるとしても、それが無断で広く利用されると、著作権者の立場に立てば、大きな経済損失となるような場合は、付随的著作物として自由利用を認めることが「不当」として著作権法30条の2が適用されません。理論的には、このようにいえますが、現実問題として、上記❷の「正当性」の要件を満たすにもかかわらず、これを利用するのが「不当」と評価される場合はかなり限られるはずです。

まとめ

　家族の思い出を残すために、好きなキャラクターのぬいぐるみを子供に抱かせて写真を撮り、その写真をSNS上で親しい友人のみに、単に近況を報告するために公開する行為については、著作権法30条の2が定める「付随・軽微性」、「正当性」および「非不当性」の各要件を満たす可能性が高く、著作権侵害とはならない可能性が高いです。

用語の解説

公衆送信：著作権法2条1項7号の2は、「公衆送信」について、「公衆によって直接受信されることを目的として無線通信または有線電気通信の送信（電気通信設備で、その一の部分の設置の場所が他の部分の設置の場所と同一の構内（その構内が二以上の者の占有に属している場合には、同一の者の占有に属する区域内）にあるものによる送信（プログラムの著作物の送信を除く。）を除く。）を行うことをいう。」と定義しています。

3

▼著作権法30条1項

（私的使用のための複製）

第30条　著作権の目的となつている著作物（以下この款において単に「著作物」という。）は、個人的に又は家庭内その他これに準ずる限られた範囲内において使用すること（以下「私的使用」という。）を目的とするときは、次に掲げる場合を除き、その使用する者が複製することができる。

〜省略〜

▼著作権法30条の2

（付随対象著作物の利用）

第30条の2　写真の撮影、録音、録画、放送その他これらと同様に事物の影像又は音を複製し、又は複製を伴うことなく伝達する行為（以下この項において「複製伝達行為」という。）を行うに当たつて、その対象とする事物又は音（以下この項において「複製伝達対象事物等」という。）に付随して対象となる事物又は音（複製伝達対象事物等の一部を構成するものとして対象となる事物又は音を含む。以下この項において「付随対象事物等」という。）に係る著作物（当該複製伝達行為により作成され、又は伝達されるもの（以下この条において「作成伝達物」という。）のうち当該著作物の占める割合、当該作成伝達物に

117

おける当該著作物の再製の精度その他の要素に照らし当該作成伝達物において当該著作物が軽微な構成部分となる場合における当該著作物に限る。以下この条において「付随対象著作物」という。)は、当該付随対象著作物の利用により利益を得る目的の有無、当該付随対象事物等の当該複製伝達対象事物等からの分離の困難性の程度、当該作成伝達物において当該付随対象著作物が果たす役割その他の要素に照らし正当な範囲内において、当該複製伝達行為に伴つて、いずれの方法によるかを問わず、利用することができる。ただし、当該付随対象著作物の種類及び用途並びに当該利用の態様に照らし著作権者の利益を不当に害することとなる場合は、この限りでない。

2　前項の規定により利用された付随対象著作物は、当該付随対象著作物に係る作成伝達物の利用に伴つて、いずれの方法によるかを問わず、利用することができる。ただし、当該付随対象著作物の種類及び用途並びに当該利用の態様に照らし著作権者の利益を不当に害することとなる場合は、この限りでない。

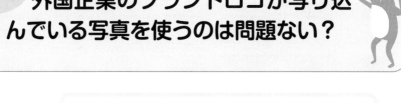

7 外国企業のブランドロゴが写り込んでいる写真を使うのは問題ない？

外国企業の社名をデザイン化したブランドロゴが大きく写り込んでいる（自分で撮影した）写真を使ってもいい？

著作権侵害にならない可能性が高いよ

外国の著作物の日本における保護

　ベルヌ条約により、同盟国の国民が創作した著作物は、いずれの同盟国でも保護されます。アメリカ人が創作した著作物も、日本で保護されます。ただし、当該著作物が米国著作権法上は、著作物として保護されるものであるとしても、日本著作権法上は、著作物として保護されないものであるときは、日本での保護は受けられません。

　したがって、外国のブランドロゴについて、当該ロゴの日本での使用が著作権侵害にあたるか否かは、当該ロゴが日本著作権法上の著作物かどうかによります。

　なお、古くから使われているブランドロゴで、保護期間が経過しているものが、保護されないことは当然です。日本の保護期間は70年ですが、外国における保護期間が、70年より長いときは、日本の保護期間である70年間に限って日本で保護されます。外国における保護期間が、70年より短いときは、その外国における保護期間に限り日本で保護されます。

ブランドロゴの著作物性と商標的使用

●ブランドロゴの著作物性

　著作権法による保護を受けるには、「著作物」と評価できるものである必要があります。知財高判令和4年9月27日裁判所HP参照（令和4年（ネ）10011号）は、下記の原告ロゴの著作物性が問題となった事案で、次のように述べて、著作物性を否定しました。

▼原告ロゴ

出典：判決別紙より

　「商品または営業の出所を表示するものとして文字から構成される標章（ブランドロゴ）・・・の保護は、商標法または不正競争防止法により図られるべきものである。文字からなる商標の中には、外観や見栄えの良さに配慮して、文字の形や配列に工夫をしたものもあるが、それらは、文字として認識され、かつ出所を表示するものとして、見る者にどのように訴えかけるか、すなわち標章としての機能を発揮させるためにどのように構成することが適切かという実用目的のためにそのような工夫がされているものであるから、通常は、美的鑑賞の対象となるような思想または感情の創作性が発揮されているものとは認められない。商品または営業の出所を表示するものとして文字から構成される標章が著作物に該当する場合があり得るとしても、それは、商標法などの標識法で保護されるべき自他商品・役務識別機能を超えた顕著な特徴を有するといった独創性を備え、かつそれ自体が、識別機能という実用性の面を離れて客観的、外形的に純粋美術と同視し得る程度の美的鑑賞の対象となり得る創作性を備えなければならないというべきである。」

このほか、東京高判平成8年1月25日判時1568号119頁は、「**Asahi**」の著作物性を否定し、東京地判平成28年4月18日裁判所HP参照（平成25年（ワ）20031号）は、「**かつ〜ん**」の著作物性を否定しました。筆で書かれた「書」は、著作物として保護される場合が多いですが、裁判所は、上記「かつ〜ん」ロゴが、商標として使用することが予定された実用的・機能的なロゴであることを考慮して、著作物性を否定しました。

　このように、文字からなるブランドロゴは、たとえ大きくデザイン化されたり、一定の創作性があっても、著作物性が否定されます。

　外国企業の社名をデザイン化したブランドロゴは、日本著作権法における保護を受けることができない可能性が高く、日本で当該ロゴを利用する行為は著作権侵害行為とはなりません。

　なお、図形からなるブランドロゴ（シンボルマーク）については、文字からなるブランドロゴよりも、著作物性が肯定される余地があるものの、東京地判昭和39年9月25日判時384号6頁は、オリンピックの五輪マーク「　　　」について著作物性を否定し、東京地判平成25年3月8日裁判所HP参照（平成23年（ワ）28917）も、「**アイケアショップ**」の著作物性を否定していることから、本来、商標法により保護されるべきブランドロゴが、著作権による保護を受けるためのハードルは高いです。

●ブランドロゴの商標的使用

　他社ブランドロゴの無断利用が、著作権侵害となる可能性が低いことは上記のとおりですが、当該ロゴが写った写真を、商品・サービスの目印になるような態様で使ったり、他社と緊密な営業上の関係にあると需要者が誤信するおそれがある態様で使ったりすると、商標権侵害、不正競争防止法違反の問題が生じます。例えば、海外の有名ブランドロゴが大きく写った写真を、有名ブランド関連企業に無断で、オンラインショップページのトップに大きく目立つ態様で掲載し、あたかも、当該オンラインショップと海外の有名ブランドがコラボしているかのように需要者が誤信する場合は危険です。

3

こうした使い方ではなく、例えば、他社による不祥事があったことから、当該他社に取材に行き、ブランドロゴが付された看板を写真撮影し、その写真を記事に使うような態様（すなわち、他社のブランドロゴを報道サービスの出所として使用しない態様）であれば、商標権侵害、不正競争防止法違反とはなりません。

まとめ

外国企業の社名をデザイン化したブランドロゴの、日本における利用（当該ロゴを自ら撮影し利用する行為）が、著作権侵害に該当するか否かは、日本著作権法に基づき判断されます。文字からなるブランドロゴは、かなりデザイン化されたものであっても、日本著作権法上、保護されるべき著作物にはならず、当該ロゴの無断利用が著作権侵害となる可能性は低いです。

しかし、他社のブランドロゴが大きく写った（自分で撮影した）写真を、商品・サービスの目印になるような態様で使ったり、他社と緊密な営業上の関係にあると需要者が誤信するおそれがある態様で使ったりすると、商標権侵害、不正競争防止法違反の問題が生じるので、ご注意ください。

8 SNSのアイコンに他人のキャラクターや有名人の写真を使っていいの？　改変すれば大丈夫？

 SNSのアイコンに他人のキャラクターや有名人の写真が無断で使われていることがあるけど、これっていいの？　キャラクターを改変して使うのはOK？

 著作権・著作者人格権の侵害となる可能性が高いよ。改変しても同じだよ

3

キャラクターや有名人の写真の著作権等

●キャラクターの著作権

　他人のキャラクターには著作権が発生します。これを無断でアイコンに利用すると著作権侵害になります。

　他人のキャラクターをスマホの待ち受けにすることは、「私的使用」（著作権法30条1項所定の権利制限規定）として許されますが、アイコンとしてネット上で公開する行為（**公衆送信**）は正当化されません。

●有名人の写真の著作権等

　他人が撮影した有名人の写真について、撮影者の著作権が発生しています。これを無断でアイコンに利用すると著作権侵害になります。また、アイコンは、円形で表示されることが多いところ、長方形の写真をアイコンに使うことで、円形の写真として表示されるときは、長方形の写真が円形に変更

されて表示されることから、著作者人格権（**同一性保持権**）の侵害にもなります（知財高判令和3年5月31日裁判所HP参照（令和2年（ネ）10010号等）参照）。

　一方、自身で撮影した有名人の写真については、著作権の問題は生じませんが、**パブリシティ権**侵害（第3章第5節参照）の問題があります。有名人の写真をアイコンとして使ったSNS上で、自社商品・サービスを広告したり、他社商品・サービスの広告をすることで広告収入を得たりする場合、専ら有名人の肖像が有する顧客吸引力を利用するものとして、パブリシティ権侵害となる可能性が高いです。

　このほか、本人になりすます、いわゆる「なりすまし」の場合はさらに名誉毀損や業務妨害にあたる可能性もあります。

キャラクターの改変

　他人のキャラクターを無断で改変する行為は、原則として、著作者人格権（同一性保持権）の侵害となる行為です。例外的に、改変の程度が大きく、もはや他人のキャラクターの表現上の本質的な特徴の同一性が維持されておらず、他人のキャラクターの前記特徴を直接感得できない程度に至ったときは、こうした改変後のキャラクターはもはや他人のキャラクターとは別個の著作物というべきものであり、このような改変は著作者人格権侵害にも、著作権侵害にもなりません。しかし、好きな（他人の）キャラクターを改変してアイコンに使う場合、通常、改変後のキャラクターの特徴から、他人のキャラクターを描いたものであることを知り得る程度の改変に留まることが多く、そうであれば、著作者人格権（同一性保持権）や著作権（公衆送信権）の侵害となります。

まとめ

　SNSのアイコンに他人のキャラクターや有名人の写真を使うことは、著作権・著作者人格権の侵害となる可能性が高い行為です。改変しても、通常は、侵害となる可能性が依然として高いものです。芸能人の写真をアイコンに設定することについて、好意的に応援しているに過ぎないとみられる場合、宣伝にもなるとして権利行使をしない芸能事務所もあるようですが、無断利用は控えましょう。

用語の解説

公衆送信：著作権法2条1項7号の2は、「公衆送信」について、「公衆によって直接受信されることを目的として無線通信または有線電気通信の送信（電気通信設備で、その一の部分の設置の場所が他の部分の設置の場所と同一の構内（その構内が二以上の者の占有に属している場合には、同一の者の占有に属する区域内）にあるものによる送信（プログラムの著作物の送信を除く。）を除く。）を行うことをいう。」と定義しています。

同一性保持権：著作者は、著作物の同一性を保持する権利（その意に反して改変を受けない権利）を有しています。著作者人格権の一つです。

パブリシティ権：人の氏名や肖像等は、商品の販売等を促進する顧客吸引力を有する場合があり、このような顧客吸引力を排他的に利用する権利をいいます。

▼著作権法30条1項

（私的使用のための複製）

第30条　著作権の目的となつている著作物（以下この款において単に「著作物」という。）は、個人的に又は家庭内その他これに準ずる限られた範囲内において使用すること（以下「私的使用」という。）を目的とするときは、次に掲げる場合を除き、その使用する者が複製することができる。

〜省略〜

9 他人が写り込んでいる写真を使うのは問題ない？

メインの被写体を撮影したときに、公道上にいる他人（一般人）が偶然写った写真について、SNS上でアップしていい？

他人の肖像権を侵害しない場合が多いよ。他人が公道を歩いている姿ではなく、路上でキスをしている姿の場合には、それをSNSで多数人に公開すると、肖像権侵害となるおそれがあるよ

肖像権とは？

　個人は、みだりに自己の容ぼうを撮影されず、自己の容ぼうを撮影された写真をみだりに公表されない権利を有しており、これを肖像権といいます。

　東京地判令和4年10月28日裁判所HP参照（令和3年（ワ）28420号等）は、人の容ぼうの撮影・公表が正当な表現行為、創作行為等として許されるべき場合があると述べたうえで、肖像を無断で撮影、公表等する行為は、「撮影された者（被撮影者）の被る精神的苦痛が社会通念上受忍すべき限度を超える場合」に限り、肖像権を侵害するものとして、不法行為上違法になるとして、下記3つの具体例を示しました。

❶被撮影者の私的領域において撮影しまたは撮影された情報を公表する場合において、当該情報が公共の利害に関する事項ではないとき

❷公的領域において撮影しまたは撮影された情報を公表する場合にお

いて、当該情報が社会通念上受忍すべき限度を超えて被撮影者を侮辱するものであるとき

❸公的領域において撮影しまたは撮影された情報を公表する場合において、当該情報が公表されることによって社会通念上受忍すべき限度を超えて平穏に日常生活を送る被撮影者の利益を害するおそれがあるとき

　最判平成17年11月10日民集59巻9号2428頁は、刑事被告人の法廷における姿をとらえた写真が週刊誌に掲載された事案で、人の容ぼうの撮影が正当な取材行為等として許されるべき場合があると述べたうえで、人の容ぼうを承諾なく撮影することが不法行為上違法となるかは、被撮影者の社会的地位、撮影された被撮影者の活動内容、撮影の場所、撮影の目的、撮影の態様、撮影の必要性等を総合考慮して、被撮影者のみだりに自己の容ぼうを撮影されない人格的利益の侵害が社会生活上受忍の限度を超えるものといえるかどうかという観点から判断されるべきとしました。

3

　これらの判決からすると、写真中の他人が、私的領域というべき場所（例えば自宅）にいるか、それとも公的領域というべき場所（例えば公道）にいるかが、肖像権侵害の有無を決するうえで重要な事情といえます。私的領域における他人の活動が写っている写真の公表は、その他人の活動が、公共の利害に関する事項であり、これを公表すべき必要性が高いといった特別の事情がなければ、肖像権侵害となります。他方、公的領域における他人の活動が写っている写真の公表は、他人の社会的地位、活動内容、撮影の目的、撮影の態様、撮影の必要性、さらには公表の態様も踏まえて、社会通念上受忍すべき限度を超えて、他人を侮辱したり、他人の平穏な日常生活を送る利益を害するおそれがあったりする程度に至っているのでなければ、肖像権侵害にあたりません。例えば、メインとなる被写体を撮影したときに、公道上を普通に歩いている他人が偶然写ったという程度の写真を公表する行為は、他人の肖像権を侵害する行為とはならないでしょう。

肖像権侵害を回避する方法

　公的領域における他人の活動が写り込んでいる写真を利用する場合、他人の肖像権を侵害しない可能性が高いものの、例えば、（公的領域というべき）公道やレストランにおける、男女のキスの場面をとらえた写真であれば、それをSNSで拡散するとなると、肖像権侵害の可能性が十分にあります。このように、「社会通念上受忍すべき限度を超えて、他人の平穏な日常生活を送る利益を害するおそれ」があるか否かは、写真中の他人の活動が、私的領域におけるものか、公的領域におけるものかという事情だけで決まるものではなく、判断が難しい面があります。

　そのため、写真中の他人の顔についてモザイク等で処理したうえで公表するのが無難です。顔は人の容ぼうにおける重要な部分であり、人物の特定という観点からも重要であるところ、他人の顔をモザイク等で処理しておけば、通常、「社会通念上受忍すべき限度を超えて、他人の平穏な日常生活を送る利益を害するおそれ」はないと評価されると考えます。

まとめ

　他人が写り込んでいる写真を使うときには、他人の肖像権に注意を払いましょう。他人の私的領域（自宅など）における活動が写り込んだ場合は、よほどの正当化理由がない限り、当該写真を使うべきではありません。他人の公的領域（公道など）における活動が偶然写り込んだに過ぎない場合、その写真を使っても肖像権侵害とならない場合が多いものの、具体的活動内容等によっては肖像権侵害となる余地もあるため、他人の顔についてモザイク等で処理したうえで公表するのが安全です。

10 キャラクターグッズの写真は使って大丈夫?

キャラクターグッズ(例えばキャラクター入りの弁当箱)が写り込んだ写真をSNSでアップするのは大丈夫?自分で撮影した写真であればOK?

他人が撮影した写真を公開する行為は、著作権侵害となる可能性が高いよ。自分で撮影した写真のアップは適法に行える場合があるよ

キャラクターグッズ(の写真)の利用

キャラクター(絵)は著作権で保護されます。キャラクター入りのグッズも著作権で保護され、無断利用は著作権侵害となります。キャラクターの著作権を侵害しない範囲で利用する必要があります。例えば、キャラクターグッズ(真正品)を転売したり(著作権法26条の2第2項1号)、当該グッズを自ら撮影した写真を転売用チラシに使ったり(著作権法47条の2)、当該グッズの所有者がそれを展示したり(著作権法45条1項)することは、権利制限規定により適法に行えます。

このほか、私的使用目的(例えばスマホの待ち受け画面に使う目的)のために、キャラクターグッズの写真を撮影して複製(コピー)する行為も適法に行えますが(著作権法30条1項)、この写真をSNSにアップしてしまうと、私的使用として許される範囲を超えます。

キャラクターグッズの写真を自ら撮影し、その写真をSNSにアップする行為が適法か否かは、付随対象著作物の利用(著作権法30条の2)の要件を満たすか否かによります。この権利制限規定は、平成24年の著作権法改正

3

によって創設されたもので、令和2年の改正により、自由利用が認められる範囲が広がりました。以下で詳細を説明します。

　なお、他人が撮影したキャラクターグッズの写真をSNSでアップする行為は、付随対象著作物の利用として許される範囲を超え、撮影者の著作権を侵害する行為になることにご留意ください。

付随対象著作物の利用

著作権法30条の2所定の自由利用が認められるには、

❶メインの伝達行為に付随して対象となる他人の著作物が、伝達物における軽微な構成部分に過ぎないこと
❷他人の著作物が正当な範囲内で利用されていること
❸著作権者の利益を不当に害さないこと

の各要件を満たす必要があります。

　各要件において考慮すべき事情や法改正の詳細については、第3章第6節をご覧ください。

　例えば、家族の思い出を残すために、好きなキャラクター入り弁当箱を使って食事をする子供の様子を写真に撮り、その写真をSNS上で親しい友人にのみに、単に近況を報告するために公開する行為は、上記❶ないし❸の各要件を満たすものとして、適法に行える可能性が高い行為です。他方、SNSのフォロワー数を増大させて利益を得る目的で、キャラクターグッズを意図的に配置して写し込んだ写真をアップする行為は、前記各要件を満たさず、著作権侵害となる可能性が高いです。

まとめ

　自身で撮影した写真にキャラクターグッズが写り込んでいる場合、この写真をSNS上に無断でアップできるか否かは、付随対象著作物の利用（著作権法30条の2）の要件を満たすか否かによります。令和2年の改正により、付随対象著作物の利用として適法に利用できる範囲が広がりました。

　一方、他人が撮影した写真をSNS上に無断でアップする行為は、撮影者の著作権を侵害する可能性が高いです。他人の写真の利用は、付随対象著作物の利用として許される範囲を超える行為だからです。

▼著作権法26条の2第2項1号

（譲渡権）

第26条の2
2　前項の規定は、著作物の原作品又は複製物で次の各号のいずれかに該当するものの譲渡による場合には、適用しない。
　　1　前項に規定する権利を有する者又はその許諾を得た者により公衆に譲渡された著作物の原作品又は複製物

▼著作権法30条1項

（私的使用のための複製）

第30条　著作権の目的となつている著作物（以下この款において単に「著作物」という。）は、個人的に又は家庭内その他これに準ずる限られた範囲内において使用すること（以下「私的使用」という。）を目的とするときは、次に掲げる場合を除き、その使用する者が複製することができる。
　　～省略～

▼著作権法30条の2

（付随対象著作物の利用）

第30条の2　写真の撮影、録音、録画、放送その他これらと同様に事物の影像又は音を複製し、又は複製を伴うことなく伝達する行為（以下この項において「複製伝達行為」という。）を行うに当たつて、その対象とする事物又は音（以下この項において「複製伝達対象事物等」という。）に付随して対象となる事物又は音（複製伝達対象事物等の一部を構成するものとして対象となる事物又は音を含む。以下この項において「付随対象事物等」という。）に係る著作物（当該複製伝達行為により作成され、又は伝達されるもの（以下この条におい

て「作成伝達物」という。）のうち当該著作物の占める割合、当該作成伝達物における当該著作物の再製の精度その他の要素に照らし当該作成伝達物において当該著作物が軽微な構成部分となる場合における当該著作物に限る。以下この条において「付随対象著作物」という。）は、当該付随対象著作物の利用により利益を得る目的の有無、当該付随対象事物等の当該複製伝達対象事物等からの分離の困難性の程度、当該作成伝達物において当該付随対象著作物が果たす役割その他の要素に照らし正当な範囲内において、当該複製伝達行為に伴つて、いずれの方法によるかを問わず、利用することができる。ただし、当該付随対象著作物の種類及び用途並びに当該利用の態様に照らし著作権者の利益を不当に害することとなる場合は、この限りでない。

2　前項の規定により利用された付随対象著作物は、当該付随対象著作物に係る作成伝達物の利用に伴つて、いずれの方法によるかを問わず、利用することができる。ただし、当該付随対象著作物の種類及び用途並びに当該利用の態様に照らし著作権者の利益を不当に害することとなる場合は、この限りでない。

▼著作権法45条1項

（美術の著作物等の原作品の所有者による展示）

第45条　美術の著作物若しくは写真の著作物の原作品の所有者又はその同意を得た者は、これらの著作物をその原作品により公に展示することができる。

▼著作権法47条の2

（美術の著作物等の譲渡等の申出に伴う複製等）

第47条の2　美術の著作物又は写真の著作物の原作品又は複製物の所有者その他のこれらの譲渡又は貸与の権原を有する者が、第26条の2第1項又は第26条の3に規定する権利を害することなく、その原作品又は複製物を譲渡し、又は貸与しようとする場合には、当該権原を有する者又はその委託を受けた者は、その申出の用に供するため、これらの著作物について、複製又は公衆送信（自動公衆送信の場合にあつては、送信可能化を含む。）（当該複製により作成される複製物を用いて行うこれらの著作物の複製又は当該公衆送信を受信して行うこれらの著作物の複製を防止し、又は抑止するための措置その他の著作権者の利益を不当に害しないための措置として政令で定める措置を講じて行うものに限る。）を行うことができる。

11 ペットや（動物園・水族館・植物園における）動物・植物の写真は使って大丈夫？

ペットや（動物園・水族館・植物園における）動物・植物の写真を使っていい？　自分で撮影した写真であればOK？

他人が撮影した写真のSNSへのアップは著作権侵害となる可能性が高いよ。自分で撮影した写真のアップは通常、自由にできるけど、（入場券などに記載の）施設との契約内容に注意して利用する必要があるよ

3

動物・植物（の写真）の利用

　生きている動物・植物自体は著作物ではありません。動物・植物の写真を撮影したり、当該写真を利用したりしても著作権侵害にはなりません。

　ただし、写真には撮影者の著作権が発生するため、他人が撮影した写真を利用するときは、著作権侵害の問題になります。一方、自身で撮影した写真を利用するときは、こうした問題は生じません。被写体が、キャラクターグッズや絵画といった著作物である場合は、自身で撮影した写真を利用するときにも、被写体の著作権侵害に注意を払う必要がありますが、被写体が、動物・植物といった著作物でないものの場合、このような注意は不要です。

　また、写真に人が写り込んでいる場合、当該写真の利用について、**肖像権**侵害や**パブリシティ権**侵害の問題を検討する必要があります。しかし、動物（人以外）・植物については、これらの権利侵害の問題も生じません。名馬（競走馬）の名前や肖像にはパブリシティ権が認められないとした最判平成16

年2月13日民集58巻2号311頁があります。

　以上より、他人が撮影した動物・植物の写真は、撮影者の著作権が発生しているので自由に利用できませんが、自ら撮影した動物・植物の写真は、基本的に自由に利用可能です。

契約違反

　自ら撮影した動物・植物の写真について自由に利用できない例外的な場合があります。

　動物園・水族館・植物園等の敷地に入るにあたり入場券を購入し、その際に、入場条件が提示されて、それに同意した場合に限って入場できるのが通常です。その条件中に、動物・植物を撮影した写真を使って営利的な活動をしてはならないことやさらに厳しい条件が記載されている場合があります。これに反した行為をすると、契約違反の問題が発生するので、ご注意ください。

　例えば、和歌山県にある、動物園・水族館・遊園地が一体になったテーマパークであるアドベンチャーワールドの利用約款には、施設内で撮られた写真やビデオ等の映像を商業使用するときは、アドベンチャーワールドの事前承認が必要とされています。

まとめ

　他人が撮影した動物・植物の写真は自由に使えません。自身で撮影した動物・植物の写真は基本的に自由に使うことができます。他人の施設内にある動物・植物の写真については、契約違反の問題が生じる場合があり、利用する際には、契約内容（ルール）を確認しておきましょう。

用語の解説

肖像権：みだりに自己の容ぼうを撮影されず、自己の容ぼうを撮影された写真をみだりに公表されないという個人が有する権利をいいます。
パブリシティ権：人の氏名や肖像等は、商品の販売等を促進する顧客吸引力を有する場合があり、このような顧客吸引力を排他的に利用する権利をいいます。

3

12 テレビ映像をスクリーンショットした画像を投稿するのはOK？イラスト画にすれば大丈夫？

テレビ映像をスクリーンショットし、その画像をSNSに投稿するのは大丈夫？　その画像をイラスト画にして利用するのであれば問題ない？

適法な引用でなければ、著作権侵害・著作者人格権侵害になるよ。イラスト画にすれば大丈夫な場合もあるよ

複製と公衆送信

　東京地判令和3年10月26日裁判所HP参照（令和3年（ワ）8702号）は、原告以外の他人が、原告が著作権を有する動画についてスクリーンショット機能を用いて画像とし、当該画像をウェブサイトに投稿した行為に関して、著作権（複製権および**公衆送信**権）の侵害があると判断しました。

　このケースでは、適法な引用（著作権法32条）か否かも争われましたが、結論として、適法な引用とは認められませんでした。著作権法32条は、公表された著作物を引用して利用することについて、それが「公正な慣行に合致するものであり、かつ、報道、批評、研究その他の引用の目的上正当な範囲内で行なわれるもの」である場合、著作権を侵害しないとします。裁判所は、原告の容姿に関する感想を述べるコメント入りの（原告以外の）他人の記事について、当該他人が前記感想を述べるに際して、原告の容姿が写っているスクリーンショット画像を掲載する必要性は乏しく、引用目的との関係で権衡がとれておらず、当該画像が記事のほぼ全面を占める一方で、コメン

トは短文の比較的小さな文字で掲載されているに過ぎず、前記画像の出典についての記載もないことから、引用の方法・態様が、引用目的との関係で社会通念に照らして合理的な範囲を超えているとして適法な引用とは認めず、著作権侵害を認めました。

　こうした判断からすると、報道、批評、研究その他の引用の目的との関係で、スクリーンショット画像を使う必要性が認められ、その目的が主で、スクリーンショット画像が従という関係にあり、その主たる表現行為との関係で、必要な限度・大きさで、スクリーンショット画像の出所を（URLなどで）明示しながら、ごく一部分に利用する行為は適法となるでしょう。

　なお、スクリーンショット画像に有名人が写っている場合、**パブリシティ権**侵害（第3章第5節参照）の問題もあります。「専ら肖像等の有する顧客吸引力の利用を目的とする場合」に限り、パブリシティ権侵害となります。適法な引用とみられる行為の場合、引用目的に必要な限度で、有名人が写っているスクリーン画像が従として使用されるに過ぎないことから、「専ら」有名人の肖像の有する顧客吸引力の利用を目的とするものとはいえず、パブリシティ権侵害も成立しないと考えられます。

翻案と同一性保持権

　スクリーンショット画像をイラスト画にして利用する場合、**翻案**権（著作権の一つ）侵害と**同一性保持権**（著作者人格権の一つ）侵害が問題になります。著作権者は、自己の作品（著作物）を無断で改変されない権利を有しており、この権利を同一性保持権・翻案権といいます。

　もっとも、改変の程度が大きく、もはや他人の著作物の表現上の本質的な特徴の同一性が維持されておらず、他人の著作物の前記特徴を直接感得できない程度に至ったときは、こうした改変後の著作物はもはや他人の著作物とは別個の著作物というべきものであり、このような改変は翻案権侵害にも同一性保持権侵害にもなりません。

　東京地判平成30年3月29日判時2387号121頁では、原告の著作物であ

る写真について、被告が無断でイラスト化して自らの同人誌の裏表紙に利用した行為に関する翻案権侵害の成否が問題となりました。

▼原告写真

出典：判決別紙より

▼被告イラスト

出典：判決別紙より

　裁判所は、はじめに、原告写真の本質的特徴は、被写体の配置や構図、被写体と光線の関係、色彩の配合、被写体と背景のコントラスト等の総合的な表現に認められるとしました。次に、両者が共通するのは、右手にコーヒーカップを持って口元付近に保持している被写体の男性の、右手およびコーヒーカップを含む頭部から胸部までの輪郭の部分のみであり、他方、被告イラストと原告写真の相違点について、次のとおり指摘し、結局、被告イラストから原告写真の表現上の本質的な特徴を直接感得できないとして翻案権侵害を認めませんでした。

❶被告イラストはわずか2.6センチメートル四方のスペースに描かれているに過ぎないこともあり、原告写真における被写体と光線の関係（被写体に左前面上方から光を当てつつ焦点を合わせるなど）は表現されておらず、かえって、原告写真にはない薄い白い線（雑誌を開いた際の歪みによって表紙に生じる反射光を表現したもの）が人物の顔面中央部を縦断して加入されていること

❷被告イラストは白黒のイラストであることから、原告写真における色彩の配合は表現されていないこと

❸被告イラストはその背景が無地の白ないし灰色となっており、原告写真における被写体と背景のコントラスト（背景の一部に柱や植物を取り入れながら全体として白っぽくぼかすことで、赤色基調のシャツを着た被写体人物が自然と強調されているなど）は表現されていないこと

❹被告イラストは小さなスペースに描かれていることから、頭髪も全体が黒く塗られ、原告写真における被写体の頭髪の流れやそこへの光の当たり具合は再現されておらず、また、被告イラストには上記の薄い白い線が人物の顔面中央部を縦断して加入されていることから、鼻が完全に隠れ、口もほとんどが隠れており、原告写真における被写体の鼻や口は再現されておらず、さらに、被告イラストでは原告写真における被写体のシャツの柄も異なっていること

3

　こうした判断からすると、被写体が人のように著作物でない場合、当該被写体が写った写真やスクリーンショット画像が著作物として保護される理由は、被写体自体の創作性によるものではなく、被写体の配置や構成、被写体と光線の関係、色彩の配合、被写体の背景のコントラスト等の創作性によるものであり、イラストにする際に、これらの創作性のある部分に変更を加えることで、もはや写真やスクリーンショット画像の表現上の本質的な特徴を直接感得でないことになる場合があります。この場合、翻案権侵害も同一性保持権侵害も成立しません。

一方、被写体がキャラクターのフィギュアのように著作物である場合、注意が必要です。フィギュアが写った写真やスクリーンショット画像をイラストにしたが、依然として当該フィギュア（キャラクター）を描いたものであることを知り得るイラストであれば、たとえ、被写体であるフィギュアの配置、光線の関係、色彩の配合、背景のコントラストを変えても、表現上の本質的な特徴を直接感得できるとしてキャラクター（絵）の翻案権侵害・同一性保持権侵害が認められます。

まとめ

　テレビ映像をスクリーンショットし、その画像をSNSに投稿する行為は、適法な引用といえるような事情がない限り、基本的に著作権侵害になります。スクリーンショット画像をイラスト画とする際に、そのイラスト画から、スクリーンショット画像の表現上の本質的な特徴を直接感得できるようであれば、翻案権侵害・同一性保持権侵害となり、こうした特徴を感得できない程度に変更されたときは、別個の創作物として権利侵害になりません。この見極めにあたり、スクリーンショット画像における表現上の本質的な特徴（創作性のある部分）を把握する必要があり、被写体が創作性のある著作物か否かは、創作性のある部分の把握にあたり重要な視点です。

公衆送信：著作権法2条1項7号の2は、「公衆送信」について、「公衆によって直接受信されることを目的として無線通信または有線電気通信の送信（電気通信設備で、その一の部分の設置の場所が他の部分の設置の場所と同一の構内（その構内が二以上の者の占有に属している場合には、同一の者の占有に属する区域内）にあるものによる送信（プログラムの著作物の送信を除く。）を除く。）を行うことをいう。」と定義しています。

パブリシティ権：人の氏名や肖像等は、商品の販売等を促進する顧客吸引力を有する場合があり、このような顧客吸引力を排他的に利用する権利をいいます。

翻案：既存の著作物に依拠し、かつ、その表現上の本質的な特徴の同一性を維持しつつ、具体的表現に修正、増減、変更等を加えて、新たに思想または感情を創作的に表現することにより、これに接する者が既存の著作物の表現上の本質的な特徴を直接感得することのできる別の著作物を創作する行為をいいます。

同一性保持権：著作者は、著作物の同一性を保持する権利（その意に反して改変を受けない権利）を有しています。著作者人格権の一つです。

3

▼著作権法32条

（引用）

第32条　公表された著作物は、引用して利用することができる。この場合において、その引用は、公正な慣行に合致するものであり、かつ、報道、批評、研究その他の引用の目的上正当な範囲内で行なわれるものでなければならない。

2　国等の周知目的資料は、説明の材料として新聞紙、雑誌その他の刊行物に転載することができる。ただし、これを禁止する旨の表示がある場合は、この限りでない。

13 SNSにアニメ・漫画のキャラクターを手描きして載せてもいい?

SNSに他人のアニメ・漫画のキャラクターを手描きして載せてもいい?

手描きのイラストが、他人のアニメ・漫画のキャラクターを描いたと知り得るものであれば、著作権侵害になるよ

翻案権と同一性保持権

アニメ・漫画のキャラクター(絵)は、著作物として保護されます。これを著作権者に無断でイラスト画にして利用する場合、複製権(著作権の一つ)侵害、**翻案**権(著作権の一つ)侵害、**公衆送信**権(著作権の一つ)侵害、**同一性保持権**(著作者人格権の一つ)侵害が問題になります。著作権者は、自己の作品(著作物)を無断で改変されない権利を有しており、この権利を同一性保持権・翻案権といいます。

もっとも、改変の程度が大きく、もはや他人の著作物の表現上の本質的な特徴の同一性が維持されておらず、他人の著作物の前記特徴を直接感得できない程度に至ったときは、改変後の著作物はもはや他人の著作物とは別個の著作物というべきものであり、このような改変は、著作権侵害、著作者人格権侵害のいずれにもなりません。

アニメ・漫画のキャラクターを手描きしてSNSに載せる場合、手描きのイラストが、どのアニメ・漫画のキャラクターを描いたものか知り得るものにするのが通常です。こうしたイラストを無断で作成・アップロードする行為は、著作権侵害、著作者人格権侵害になります。

他方、もはやどのアニメ・漫画のキャラクターを描いたものか知り得ないようなイラストとする場合、いずれの権利侵害にもなりません。裁判例を見ながら、どの程度の改変を行うことで侵害を回避できるかみていきたいと思います。

裁判例の検討

　東京高判平成13年1月23日判時1751号122頁では、被告サンリオの「けろけろけろっぴ」のイラストが、原告のイラストにかかる著作権を侵害するか否かが問題になりました。結論として「侵害なし」とされました。

▼原告イラスト　　　　　　▼被告イラスト

出典：判決別紙より　　　　出典：判決別紙より

　裁判所は、原告イラストにおける基本的な表現である、❶顔の輪郭が横長の楕円形であること、❷目玉が丸く顔の輪郭から飛び出していること、❸胴体が短く、これに短い手足をつけていることについて、カエルを擬人化するという手法が、鳥獣戯画を持ち出すまでもなく日本で広く知られたものであり、擬人化されたカエルの顔の輪郭を横長の楕円形にすること、その胴体を短くし、これに短い手足をつけることは、擬人化する際のものとして通常予想される範囲内のありふれた表現というべきであり、目玉が丸く顔の輪郭

から飛び出していることについては、日本においてカエルの最も特徴的な部分とされていることの一つに関するものであって、これまた普通に行われる範囲内の表現であると述べて、前記❶ないし❸の基本的表現部分の創作性を否定しました。そのうえで、著作権侵害の有無は、基本的表現ではなく、細部の表現（創作性のある表現）について、両者の表現が共通していて、その結果、被告イラストから原告イラストを直接感得できるか否かにより決すべきと述べつつ、細部に違いがあるとして著作権侵害を否定しました。

著作権は、具体的な「表現」を保護するものであり、抽象的な「アイデア」を保護しません。「カエルを擬人化したイラスト」という抽象的なアイデアは保護されません。これを保護してしまうと、誰も「カエルを擬人化したイラスト」を描けなくなってしまい、クリエイターの創作活動に悪影響を及ぼしかねません。また、著作権は、創作性のある表現を保護するものであり、ありふれた表現を保護するものではありません。上記判決では、「カエルを擬人化したイラスト」という抽象的なアイデアは（原告イラストと被告イラストで）共通し、そうしたアイデアを表現するにあたり、一般的に使われる表現も共通していました。しかし、共通点は、著作権として保護されないアイデアだったり、ありふれた表現であったりするもので、著作権として保護されるべき創作的な表現は原告イラストの細部に認められ、この細部が被告イラストと異なる結果、非侵害と判断されました。

この判断に照らせば、他人のイラストの抽象的なアイデアを利用したり、ありふれた表現部分を利用したりして、独自のイラストを完成させて、それを利用する行為は、著作権侵害、著作者人格権侵害になりません。

まとめ

アニメ・漫画のキャラクターを手描きしてSNSに載せる場合、手描きのイラストが、どの（他人の）アニメ・漫画のキャラクターを描いたものか知り得るものにするのが通常です。こうしたイラストの作成・アップロードは、著作権侵害、著作者人格権侵害になります。例外的に、アニメ・漫画のキャ

ラクターに関するアイデアを利用したり、ありふれた表現を利用したりするに過ぎず、創作的な表現部分に変更を加えることで、もはやもとのキャラクターの表現上の本質的な特徴（創作的な表現）を直接感得できないイラストにしたときは、いずれの侵害にもなりません。ただし、法的には問題ないとしても、道義的な問題は別にあり、炎上リスクも考えて判断する必要があります。

用語の解説

翻案：既存の著作物に依拠し、かつ、その表現上の本質的な特徴の同一性を維持しつつ、具体的表現に修正、増減、変更等を加えて、新たに思想または感情を創作的に表現することにより、これに接する者が既存の著作物の表現上の本質的な特徴を直接感得することのできる別の著作物を創作する行為をいいます。

公衆送信：著作権法2条1項7号の2は、「公衆送信」について、「公衆によって直接受信されることを目的として無線通信または有線電気通信の送信（電気通信設備で、その一の部分の設置の場所が他の部分の設置の場所と同一の構内（その構内が二以上の者の占有に属している場合には、同一の者の占有に属する区域内）にあるものによる送信（プログラムの著作物の送信を除く。）を除く。）を行うことをいう。」と定義しています。

同一性保持権：著作者は、著作物の同一性を保持する権利（その意に反して改変を受けない権利）を有しています。著作者人格権の一つです。

3

14 レストランの料理、メニュー表や内装を撮影し、アップしてもいい?

レストランの料理、メニュー表や内装を撮影し、レストランの許可を得ることなくSNSにアップしてもいいかな?

適法にアップできる場合があるよ。「撮影禁止」とされているレストランで、撮影するのはダメだよ

料理、メニュー表、内装の著作物性等

料理自体は基本的に著作物ではありません。その器についても通常、著作物ではありません。

メニュー表について、料理名や値段がシンプルに記載されているに過ぎないものもあれば、料理の写真が載っているものもあります。料理名や値段がシンプルに記載されているメニュー表であれば、著作物とはいえず、これの写真を撮影してSNSにアップしても著作権侵害にはなりません。一方、料理の写真が載っているメニュー表は、その写真に著作物性が認められることから、これを写真撮影してSNSにアップする行為は著作権侵害になりえます。

内装について、建物それ自体、家具(テーブル:椅子)および飾り(絵画・置物)を分けて考える必要があります。著作物か否かは、本来、個別具体的に検討すべきですが、建物それ自体および家具(テーブル・椅子)は著作物でないことが多く、飾り(絵画・置物)は著作物であることが多いです。他人の著作物というべきものを撮影してアップすると著作権侵害となる一方

で、著作物でないものを撮影してアップしても著作権侵害となりません。

　例えば、自分と料理が写るように撮影したところ、その背景に、店に飾ってある絵画が小さく写り込んでしまった場合はどうでしょうか。こうした写真のアップロード行為について、他人の著作物というべき絵画が写っている以上、著作権侵害に問われるようにも思われますが、付随対象著作物の自由利用について定めた著作権法30条の2（権利制限規定、第3章第6節参照）により、著作権侵害にならない可能性が高いです。著作権法30条の2は、写真の撮影等をするにあたり、付随して撮影等の対象となる他人の著作物について、当該著作物が軽微な構成部分となるに過ぎない場合、正当な範囲内で、著作権者の利益を不当に害することのない態様で利用することができると規定するところ、上記の例は、同条が適用されるべき場面です。

　もとより、著作物というべき絵画が大きく写った写真であっても、その絵画がかなり昔のもので著作権の保護期間が経過している場合、著作権侵害の問題は生じません。

撮影禁止の法的問題

　著作権侵害とは別の問題があります。例えば、ある高級レストランが、はじめての特別な体験を提供するべく、来店されてはじめて料理を見ることができる点にこだわり、客に料理等の撮影禁止を求めていたとします。これに反して料理を撮影しSNSにアップしたとしても、著作権侵害の問題は生じませんが、契約違反や施設管理権侵害の問題が生じます。例えば、レストランの入り口に「撮影禁止」と目立つように表示されており、それを見ながら入店したのであれば、撮影禁止に同意したうえで入店したものと評価でき、この同意に反して撮影をした場合は契約違反に問われます。また、店舗の所有者・管理者の**施設管理権**を侵害するおそれもあります。

まとめ

レストランの料理、メニュー表や内装を自分で撮影し、SNSにアップする行為について、撮影対象に著作物というべきものを入れないようにしたり、著作物というべきものが付随的に写り込んでいるに過ぎないようにしたりすることで、著作権侵害を回避できます。しかし、「撮影禁止」とされているレストランで、撮影する行為は、レストランとの契約違反や施設管理権侵害の問題があるため控えるべきです。

用語の解説

施設管理権：建物や敷地の所有者・管理者が有する権利で、施設内での迷惑行為を禁じたり、禁止行為をした利用者には出て行ってもらったりできる権利をいいます。

▼著作権法30条の2

（付随対象著作物の利用）

第30条の2　写真の撮影、録音、録画、放送その他これらと同様に事物の影像又は音を複製し、又は複製を伴うことなく伝達する行為（以下この項において「複製伝達行為」という。）を行うに当たつて、その対象とする事物又は音（以下この項において「複製伝達対象事物等」という。）に付随して対象となる事物又は音（複製伝達対象事物等の一部を構成するものとして対象となる事物又は音を含む。以下この項において「付随対象事物等」という。）に係る著作物（当該複製伝達行為により作成され、又は伝達されるもの（以下この条において「作成伝達物」という。）のうち当該著作物の占める割合、当該作成伝達物における当該著作物の再製の精度その他の要素に照らし当該作成伝達物において当該著作物が軽微な構成部分となる場合における当該著作物に限る。以下この条において「付随対象著作物」という。）は、当該付随対象著作物の利用により利益を得る目的の有無、当該付随対象事物等の当該複製伝達対象事物等からの分離の困難性の程度、当該作成伝達物において当該付随対象著作物が果たす役割その他の要素に照らし正当な範囲内において、当該複製伝達行為に伴つて、いずれの方法によるかを問わず、利用することができる。ただし、当該付随対象著作物の種類及び用途並びに当該利用の態様に照らし著作権者の利益を不当に害することとなる場合は、この限りでない。

2　前項の規定により利用された付随対象著作物は、当該付随対象著作物に係る作成伝達物の利用に伴つて、いずれの方法によるかを問わず、利用することができる。ただし、当該付随対象著作物の種類及び用途並びに当該利用の態様に照らし著作権者の利益を不当に害することとなる場合は、この限りでない。

3

15 他社商品の販売に際し、他社の広告画像を利用する場合、他社への確認が必要？

他社から商品を仕入れて販売するに際し、他社の広告画像を利用するときは、当該他社への確認が必要かな？

広告画像には、著作物として保護される内容が含まれる場合が多いから、他社に確認しておくべきだよ

転売と著作権

　実用目的で販売される商品それ自体が著作物として著作権法による保護を受けることは少ないです。しかし、キャラクターのフィギュアや絵画のように著作物というべき商品もあります。これを転売する行為が譲渡権（著作権の一つ）の侵害となるのかというとそうはなりません。著作物というべき商品が、一度、著作権者またはその許諾を得た者により適法に販売されたときは、商品の譲渡権は**消尽**し（著作権法26条の2第2項1号）、当該商品を転売する行為が著作権侵害となることはありません。

　転売者が、転売対象の他社商品（フィギュア等）の写真を撮ってチラシを作ったり、その写真をネットにアップロードして販売活動を行ったりすることも許されます。著作権法47条の2が、著作物の所有者が、当該著作物にかかる譲渡権を侵害しない態様で、それらを譲渡する場合、当該著作物について、（著作権者の同意なしに）**一定の条件**のもとで、複製（コピー）したり、**公衆送信**（ネット送信等）したりできると規定しているからです。

　しかし、転売対象となる商品にかかる（他人が作った）広告画像まで、著

作権法47条の2により、自由に使えることにはなりません。当該広告画像に著作物として保護される内容が含まれていれば、これを無断でコピーしたりアップロードしたりする行為は著作権侵害となります。

広告画像の著作物性

　広告画像には、❶商品写真、❷広告文、❸模様があることが多いため、これらの著作物性についてみていきます。

●商品写真

　商品は立体物であることが多く、これを写した写真は、撮影者の著作物というべきものです。こうした商品写真が載っている（他社の）広告画像を利用するときは、著作権者の許諾を得る必要があります。商品写真の著作物性の詳細については第3章第2節をご覧ください。

●広告文

　単に事実を説明・紹介したありふれた表現の広告文は、著作物性が否定されますが、表現に工夫が凝らされている場合、著作物性が認められます。

　東京地判平成15年10月22日判時1850号123頁は、転職情報について、次のとおり述べて著作物性を肯定しました。

　「シャンテリー（転職情報のウェブサイトへの掲載を依頼した企業）の特徴として、受注業務の内容、エンジニアが設立したという由来などを、募集要項として、職種、仕事内容、仕事のやり甲斐、仕事の厳しさ、必要な資格、雇用形態などを、それぞれ摘示し、また、具体的な例をあげたり、文体を変えたり、「あくまでエンジニア第一主義」、「入社2年目のエンジニアより」などの特徴的な表題を示したりして、読者の興味を惹くような表現上の工夫が凝らされていることが認められる。・・・読者の興味を惹くような疑問文を用いたり、文章末尾に余韻を残して文章を終了するなど表現方法にも創意工夫が凝らされているといえるので、著者の個性が発揮されたものとして、著作物性を肯定すべきである。」

一方、東京地判平成20年12月26日判時2032号11頁は、下記パッケージについて、「商品名、発売元、含有成分、特定保健用食品であること、機能等を文字で表現したものが中心で、黒、白および金の三色が使われていたり、短冊の形状や大きさ、唐草模様の縁取り、文字の配置などに一定の工夫が認められるものの、それらを勘案しても、社会通念上、鑑賞の対象とされるものとまでは認められない。」として著作物性を否定しました。

▼原告商品

出典：判決別紙より

　広告文の場合、単に、商品名、値段、発売元、含有成分、機能等を説明・紹介したもので、その表現もありふれているときは著作物性が否定されますが、特徴的な表題を示したり、読者の興味を惹くような表現上の工夫が凝らされたりしている場合、著作物性が肯定されます。このような工夫が凝らされていることが多いと考えられ、そうした広告文を含む広告画像を利用するには、著作権者の許諾を得る必要があります。

● 模様

　上記の黒烏龍茶のパッケージには、唐草模様の縁取りがありましたが、著作物性は否定されました。第2章第3節で紹介した、下記❶（医学書の表紙）

は著作物として保護される一方、下記❷（カタログの表紙）は著作物として保護されないと判断されました。❷について、裁判所は、縞模様の縞の幅を一定とせずに徐々に変化させていく表現は一般にみられる平凡なものであることなどを指摘しました。

▼❶東京地判平成22年7月8日裁判所HP参照（平成21年（ワ）23051号）

原告表紙

出典：日本東洋医学会学術教育委員会編『入門漢方医学』（南江堂、2002年）より

▼❷知財高判平成28年12月21日判時2340号88頁

原告カタログ

出典：判決別紙より

広告画像上の模様が、一般にみられる平凡な表現ではない場合、注意が必要です。ただし、上記各裁判例からすると、実用品に使われる模様の著作物性は、簡単には認められず、これが肯定されるハードルは高めです。

まとめ

　他社の広告画像には、商品写真、広告文、模様が含まれていることが多く、少なくともそのいずれかが著作物として保護される可能性が高いです。したがって、他社の広告画像を利用する場合、他社に事前確認しておくべきです。

用語の解説

消尽：著作権者自身またはその許諾を得た者が、著作物の原作品または複製物を販売等の方法によりいったん市場の流通におくと、以後の譲渡には譲渡権が及ばないことをいいます。

一定の条件：図画として複製（コピー）するときは、複製物にかかる著作物の大きさが50平方センチメートル以下とする必要があり、デジタル方式より複製する場合は、複製される著作物の影像に関する画素数が32400以下とする必要があるといった条件があります。出所を明示する義務もあります（著作権法48条1項2号）。

公衆送信：著作権法2条1項7号の2は、「公衆送信」について、「公衆によって直接受信されることを目的として無線通信または有線電気通信の送信（電気通信設備で、その一の部分の設置の場所が他の部分の設置の場所と同一の構内（その構内が二以上の者の占有に属している場合には、同一の者の占有に属する区域内）にあるものによる送信（プログラムの著作物の送信を除く。）を除く。）を行うことをいう。」と定義しています。

▼著作権法26条の2第2項1号

（譲渡権）

第26条の2　著作者は、その著作物（映画の著作物を除く。以下この条において同じ。）をその原作品又は複製物（映画の著作物において複製されている著作物にあつては、当該映画の著作物の複製物を除く。以下この条において同じ。）の譲渡により公衆に提供する権利を専有する。

2　前項の規定は、著作物の原作品又は複製物で次の各号のいずれかに該当するものの譲渡による場合には、適用しない。

　　1　前項に規定する権利を有する者又はその許諾を得た者により公衆に譲渡された著作物の原作品又は複製物

　〜省略〜

▼著作権法47条の2

（美術の著作物等の譲渡等の申出に伴う複製等）

第47条の2　美術の著作物又は写真の著作物の原作品又は複製物の所有者その他のこれらの譲渡又は貸与の権原を有する者が、第26条の2第1項又は第26条の3に規定する権利を害することなく、その原作品又は複製物を譲渡し、又は貸与しようとする場合には、当該権原を有する者又はその委託を受けた者は、その申出の用に供するため、これらの著作物について、複製又は公衆送信（自動公衆送信の場合にあつては、送信可能化を含む。）（当該複製により作成される複製物を用いて行うこれらの著作物の複製又は当該公衆送信を受信して行うこれらの著作物の複製を防止し、又は抑止するための措置その他の著作権者の利益を不当に害しないための措置として政令で定める措置を講じて行うものに限る。）を行うことができる。

3

▼著作権法48条1項2号

（出所の明示）

第48条　次の各号に掲げる場合には、当該各号に規定する著作物の出所を、その複製又は利用の態様に応じ合理的と認められる方法及び程度により、明示しなければならない。

　〜省略〜

　　2　第34条第1項、第37条第3項、第37条の2、第39条第1項、第40条第1項若しくは第2項、第47条第2項若しくは第3項又は第47条の2の規定により著作物を利用する場合

16 同人誌の二次創作の扱いはどう なっているの？

同人誌では、漫画のキャラクター等を利用した作品が掲載されているけど、問題ないの？

著作権者が許容したり、放置したりしていることが多いよ。放置は、「非侵害」を意味するものではないよ

同人誌と著作権

　既存のキャラクター（絵）に基づき、新たに独創的なアレンジで描いたイラストや、自由な発想でストーリーを展開させた**同人誌**は、**二次的著作物**です。元の作品の全部または一部をそのままコピーしたりトレースしたりすることなく、元の作品から派生した「新たな創作性」のある表現物を二次創作同人誌ということがあります。

　著作権者は、自己の作品（著作物）を無断で改変されない権利を有しており、この権利を同一性保持権（著作者人格権の一つ）、翻案権（著作権の一つ）といい、これらの権利侵害が問題となります。ただし、改変の程度が大きく、もはや他人の著作物の表現上の本質的な特徴の同一性が維持されておらず、他人の著作物の前記特徴を直接感得できない程度に至ったときは、改変後の著作物はもはや他人の著作物とは別個の著作物というべきものであり、こうした改変は、著作権侵害、著作者人格権侵害のいずれにもなりません。

　同人誌に掲載するイラストは、どのキャラクター（絵）を描いたものか知り得るものが多いです。このようなイラストを無断で利用する行為は、著作権侵害、著作者人格権侵害になります。他方、もはやどのキャラクターを描

いたものか知り得ないようなイラストとした場合、いずれの権利侵害にも
なりません。

ガイドライン等

　同人誌のイラストは、どのキャラクター（絵）を描いたものか知り得るも
のであることがあり、著作権侵害となる場合があるにもかかわらず、同人誌
の配布は広く行われています。「コミケ」では多くの人々が同人誌を求めて
来場します。二次創作が、日本独自の多彩な表現を可能にし、コンテンツ産
業を発展させていくための土台となっている部分があったり、二次創作の
イラストがきっかけで原作が人気となる場合もあることから、同人誌に理
解を示す漫画家もいます。

　漫画家等が、自己のキャラクターを同人誌に利用することに関する、ガイ
ドラインを示すことも増えてきました。ガイドラインを遵守して利用すれ
ば、安心して適法に二次創作を行うことができます。まずは、作品の公式
ホームページなどで作品利用のガイドラインを確認し、ガイドラインに沿っ
て利用することを検討すべきです。

　オリジナル作品と同人文化の共存を願って作られた**同人マーク**「　」が
あります。このマークの発案者は、漫画「魔法先生ネギま！」などの著者とし
て知られる赤松健氏です。このマークが付されている作品は、当該作品を利
用した二次創作同人誌の同人誌即売会における配布が許されます。作品を、
性的な表現を含む二次創作同人誌に利用することも許されますが、同人誌
即売会以外での配布は許されません。

　他方、こうしたガイドライン・意思を明らかにしていない著作権者もいま
す。この場合、侵害リスクはあるものの、二次創作行為（侵害行為）が、**親告
罪**であることもあり、著作権者が動かない限り、警察も動かず、何もされず
に放置されます。しかし、社会への影響が大きかったり、過剰な内容であっ
たりすると、著作権者も放置でき難くなります。過去には、ドラえもんの最

終話を想像で作った同人誌について、絵柄が原作と酷似していたために、これを原作と勘違いする人が多く出ました。このような事態を受け、「想像していた以上に深刻な事態」と判断した小学館等が著作権侵害を同人誌作者に通告し、在庫破棄、売上金の一部を支払うことで和解になりました。また、ポケットモンスター（ピカチュウ）を題材にした同人誌の内容が過激な成人向けであったことから、任天堂等が刑事告訴を行った事件もあります。任天堂は、こうした措置を講じた理由について「キャラクターのイメージを毀損するような性的描写があることから、販売を黙認することができなかったこと、同人誌イベントの規模が大きくなってきたことから、小さな子供を含む一般人にも目が触れる機会が多くなってきたこと、今回の同人誌が通販で販売されており、対面販売でないだけに未成年の入手が容易であったこと」を挙げました。

まとめ

同人誌については、著作権法上の問題がありますが、二次創作同人誌に理解を持つ漫画家等もおり、そうした漫画家等のガイドラインを探してガイドラインに従って利用することで適法に他人のキャラクターを利用可能です。これが確認できない場合、侵害リスクは否定できません。

用語の解説

同人誌：自身で費用を出して自ら執筆・編集・発行を行う雑誌等をいいます。
二次的著作物：ある著作物（原作）をアレンジしたり、翻訳したり、変形したりして、原作に基づいて制作された別の著作物をいいます。二次的著作物を制作したり、利用したりするには原作の著作権者の同意が必要です。
同人マーク：作者が、自分の作品について、一定の条件のもとで二次創作同人誌を作り、同人誌即売会において配布することを認める意思表示をするためのマークです。
親告罪：被害者からの告訴がなければ検察が起訴できない犯罪のことをいいます。

第4章

ウェブやSNSでの音楽・動画による情報発信と著作権

1 他社の商品の特徴や感想をまとめた動画を投稿してもいい？

他社の商品の特徴や感想をまとめた動画を作って
YouTube等で投稿してもいい？

投稿可能だよ。ただし、著作権法のほか、他の法律にも
注意して投稿する必要があるよ

商品紹介動画と著作権

　化粧品を紹介するにあたり、購入した化粧品を動画上に映すことが著作権侵害になることは考え難いです。化粧品自体が著作物として著作権法による保護を受ける場合が想定し難いからです。

　一方、商品がゲームソフトであり、そのコンテンツ（ゲームの映像・楽曲）を紹介する場合、こうしたコンテンツは著作権法による保護を受けるため、ゲーム会社に無断で利用できません。もっとも、ゲーム実況動画については、投稿動画を見た視聴者が、ゲームがおもしろいと感じることで、当該ゲームを購入する場合があるため、ゲーム会社の多くは、ゲーム実況動画の投稿について、ガイドラインを定め、ガイドラインに従って利用することを認めています。よって、ゲーム会社のガイドラインを遵守してゲーム実況動画を投稿することは可能です。ゲーム実況の詳細は、第4章第5節をご覧ください。

　化粧品をYouTube動画に映すことは基本的に著作権侵害とはならないと言いましたが、他人が撮影した化粧品の写真を動画中で使うと、著作権侵害になります。化粧品自体が著作物とは言い難いとしても、これを撮影した

写真は、写真家の著作物として保護されるからです。このほか、化粧品の紹介にあたり、BGMを流す場合、BGMは著作物というべきものであり、著作権侵害を回避する方法をとる必要があります。YouTubeは、「オーディオライブラリ」というページで、無料で使えるBGMを提供しています。これを利用することで著作権侵害を回避できます。BGMの利用に関する詳細は、第4章第3節をご覧ください。

商品紹介動画と他の法律

薬機法は、化粧品の「広告」において、病気の治療や予防に効果があるなどと表現することを禁止しています。この「広告」は、「顧客を誘引する（顧客の購入意欲を高める）意図が明確なもの」を指し、メーカーのプロモーション動画のみならず愛用者のコメント動画も「広告」にあたる場合があります。例えば、医薬品である発毛剤、医薬部外品である育毛剤、化粧品である養毛剤がそれぞれあるところ、化粧品である養毛剤は、医薬品ではないため、「発毛効果がある」と広告動画上で述べることはできません。医薬部外品である育毛剤では表現可能な、「抜け毛を予防できる」という表現すら許されません。「頭皮、毛髪をすこやかに保つ」といった表現であれば適法に使うことができます。

動画上で、商品に対するネガティブな感想を述べる場合、営業上の信用毀損や名誉毀損が問題になります。しかし、商品は、市場による競争の中で批判的な評価・検討を受けることが当然に予定されたものです。消費者にも、基本的に商品に対する意見・感想を述べる自由が確保されるべきです。したがって、「テイクアウトした料理にハエが入っていた」などという虚偽の事実を述べる動画を投稿すると、営業上の信用毀損等となる可能性が高いですが、「ここのクッキーは甘すぎてまずい」といった主観的な感想を述べるものは、その感想がネガティブで、かつ、きつい言い回しであったとしても営業上の信用毀損等になる可能性は低いです。

4

まとめ

他社の商品の特徴や感想をまとめた動画をYouTube等で投稿することは可能ですが、投稿にあたり、著作権法だけでなく、他の法律にも注意を払う必要があります。商品に対する批判的な意見・感想を述べることは基本的に自由ですが、虚偽事実の告知は控えましょう。

用語の解説

薬機法：正式名称は「医療機器等の品質、有効性および安全性の確保等に関する法律」であり、略称が薬機法です。

❷ 他人のレシピに基づいて自身の YouTubeで料理を作って配信して いい？

他人の書籍に載っているレシピに基づいて自身の YouTubeで料理を作って配信して大丈夫かな？

著作権侵害にはならないよ

表現とアイデアの区別

　著作者の頭の中にとどまっているコンセプト段階の「アイデア」（思想ないし感情）と、具体的に表された「表現」を区別し、「アイデア」は著作権法で保護されないが、「表現」（創作性のあるもの）は同法で保護されます。

　最判平成13年6月28日民集55巻4号837頁は、ある作品と、これを改変して作られた作品が類似するか否か（**翻案**権侵害にあたるか否か）が争われた事案で、「著作権法は、思想または感情の創作的な表現を保護するものであるから・・・既存の著作物に依拠して創作された著作物が、思想、感情もしくはアイデア、事実もしくは事件など表現それ自体でない部分または表現上の創作性がない部分において、既存の著作物と同一性を有するにすぎない場合には、翻案には当たらないと解するのが相当である。」としました。

　この判決では、アイデアは著作権法により保護されないことが明らかにされているところ、レシピ（材料・調理手順）は、アイデアに過ぎず、著作権法の保護対象外です。レシピの説明文が、材料や調理手順を説明したもので、その表現もありふれたものであるときは、当該説明文も創作性のある表

現とはいえず著作権法の保護対象外です。他方、説明文が、創作的な表現であるときは著作権法により保護されることがあります。この場合であっても、レシピ自体（材料・調理手順）が保護されるわけではなく、あくまで、それをユニークに説明する表現部分が保護されるに過ぎません。

　したがって、たとえ他人の書籍に載っているレシピの説明表現が独創的であり著作権法による保護を受けるものであるとしても、レシピ（材料・調理手順）は、著作権法の保護対象外であり、レシピに基づいて料理を作り配信することが著作権侵害になることはありません。

レシピの説明文

　単に事実・アイデアを説明・紹介したありふれた表現のものは、著作物性が否定されますが、表現に工夫が凝らされている説明文には、著作物性が認められます。

　東京地判平成15年10月22日判時1850号123頁は、転職情報について、次のとおり述べて著作物性を肯定しました。

　「シャンテリー（転職情報のウェブサイトへの掲載を依頼した企業）の特徴として、受注業務の内容、エンジニアが設立したという由来などを、募集要項として、職種、仕事内容、仕事のやり甲斐、仕事の厳しさ、必要な資格、雇用形態などを、それぞれ摘示し、また、具体的な例をあげたり、文体を変えたり、『あくまでエンジニア第一主義』、『入社2年目のエンジニアより』などの特徴的な表題を示したりして、読者の興味を惹くような表現上の工夫が凝らされていることが認められる。・・・読者の興味を惹くような疑問文を用いたり、文章末尾に余韻を残して文章を終了するなど表現方法にも創意工夫が凝らされているといえるので、著者の個性が発揮されたものとして、著作物性を肯定すべきである。」

　レシピの説明文の場合、説明文が、材料や調理手順を説明したもので、その表現もありふれたものであるときは著作物性が否定されますが、特徴的な表題としたり、読者の興味を惹くような表現上の工夫が凝らされたりしている場合、著作物性が肯定されます。表現上の工夫が凝らされているレシ

ピ（説明文）に基づき料理を作る際は、説明文をそのまま口述するのではなく、自分の言葉で説明することで著作権侵害を回避できます。

まとめ

　アイデアは著作権法により保護されないことが明らかにされているところ、レシピ（材料・調理手順）は、アイデアに過ぎず、著作権法の保護対象外です。他人のレシピを利用して料理を作り配信を行うことが著作権侵害となることはありません。ただし、レシピの説明の仕方に工夫が凝らされている場合、当該説明表現が著作権法により保護される場合があるため、こうした表現をそのまま使うのではなく、自分の言葉で説明するのが安全です。

用語の解説

翻案：既存の著作物に依拠し、かつ、その表現上の本質的な特徴の同一性を維持しつつ、具体的表現に修正、増減、変更等を加えて、新たに思想または感情を創作的に表現することにより、これに接する者が既存の著作物の表現上の本質的な特徴を直接感得することのできる別の著作物を創作する行為をいいます。

4

3 他人の曲をYouTubeで使ってもいい?

他人の曲をBGMとしてYouTubeで使っていいかな?

JASRAC（日本音楽著作権協会）が定めるルールに従って使えば大丈夫だよ。YouTubeは「オーディオライブラリ」というページで、無料で使えるBGMを提供しているよ

著作権と著作隣接権

　歌について、歌詞・楽曲の著作権と、音源の**著作隣接権**が問題になります。歌詞・楽曲は、JASRACやNexToneなどの著作権管理団体が管理しています。これらの団体は、YouTubeと包括的な利用許諾契約を締結していることから、管理楽曲等の利用が可能です。JASRACが管理している歌詞・楽曲は、J-WIDという作品データベース検索サービスで検索できます。NexToneが管理している歌詞・楽曲は同社の作品検索データベースで検索可能です。

　YouTubeと契約をしている著作権管理団体が管理している歌詞・楽曲を、その団体の定めるルールに従って利用する限りは、適法に利用できます。

　しかし、音源の著作隣接権は、JASRACやNexToneといった、YouTubeと契約を締結している著作権管理団体が管理していません。通常、レコード会社や音楽出版社が管理しています。音源は、別途、レコード会社等の許諾を得ない限り利用できません。そのため、音源については、自分で演奏したり、演奏できる人の協力を得たりする必要があります。

166

なお、YouTubeは「オーディオライブラリ」のページで、無料で使える
BGMを提供しており、これをYouTubeが定めるルールに従って利用すれ
ば、権利侵害の問題は生じません。

JASRACとYouTubeのルール

●JASRACの楽曲等利用に関するルール

　YouTubeに動画を投稿する場合の楽曲等の利用について、次のとおり
ルールが定められています。JASRACが管理している歌詞・楽曲の利用に
関するルールです。JASRACが管理していない歌詞・楽曲は、下記ルール
に従っても利用不可です。下記の「配信OK」に行きつく方法であれば、別途、
レコード会社等から許諾を得ることなく適法かつ無料でBGMとして利用
できます。

4

Q1　動画で使用する音源は自作したもの（自ら演奏、または制作した
　　もの）か？

YES→Q2へ

NO→音源製作者（レコード会社等）から、著作隣接権の許諾を得る必要
　　あり

Q2　動画の配信方法は、リアルタイムでの配信（ライブ・生配信）以
　　外に、タイムシフトやアーカイブでの配信も行うものか？

YES→Q3へ

NO（リアルタイム配信のみ行う）→配信OK

Q3　動画の内容、目的が広告（PR・啓発動画など）か？

YES→広告目的複製の手続をする必要あり（使用料の支払い要）

NO→Q4へ

Q4　動画をアップロードするのは「個人」かどうか？

YES→<u>配信OK</u>
NO（企業・団体）→ Q5へ

Q5　動画で使用する楽曲は国内作品のみか？

YES→<u>配信OK</u>
NO（外国作品）→ビデオグラム録音の手続をする必要あり（使用料の支払い要）

●YouTubeの「オーディオライブラリ」に関するルール

　JASRACのルールに従えば、歌詞・楽曲をYouTube動画で利用できますが、音源については、自分で演奏したり、演奏できる人の協力を得たりする必要があります。YouTubeは「オーディオライブラリ」のページで、無料で使えるBGMを提供しており、これをYouTubeが定めるルールに従って利用すれば、音源を用意せずに済みます。ルール上、YouTubeパートナープログラムに参加している場合、オーディオライブラリの音楽を使用して動画を収益化できるとされています。また、ルール上、**クリエイティブ・コモンズ・ライセンス**が適用されたトラックを使用する場合、動画の説明欄でアーティストのクレジットを表記しなければなりません。

まとめ

　歌詞・楽曲は、JASRACの作品データベースで検索し、仮にJASRACで管理がなくとも、NexToneで管理されていないかを検索データベースで調べ、（YouTubeと利用許諾契約を締結している）いずれかの著作権管理団体で管理されていれば、その管理団体のルールに従って利用できます。音源は、自分で演奏したり、演奏できる人の協力を得たりする必要があります。YouTubeは「オーディオライブラリ」で、無料で使えるBGMを提供してお

り、これをYouTubeが定めるルールに従って利用すれば、権利侵害の問題は生じません。

著作隣接権：著作権法は、実演家・レコード製作者等に著作者の権利に隣接する権利を付与して保護しており、その権利のことをいいます。これらの者は著作物を創作するわけではないものの、著作物を伝達するのに重要な役割を果たしていることなどから、著作権に隣接する権利が付与されて保護が図られています。

クリエイティブ・コモンズ・ライセンス（CCライセンス）：インターネット時代のための新しい著作権ルールであり、作品を公開する作者が「この条件を守れば作品を自由に使って構いません。」という意思表示をするためのツールです。CCライセンスは6種類あります。

CC BY

　原作者が求めるクレジット表示を行えば、営利目的の利用もOKですし、さらには改変することも許される、最も自由度の高いCCライセンスです。

CC BY-SA

　原作者が求めるクレジット表示を行えば、改変も、営利目的の利用もOKですが、改変した作品にも元の作品と同じCCライセンスをつけて公開することが条件です。

CC BY-ND

　原作者が求めるクレジット表示をすれば、営利目的での利用が許されますが、元の作品の改変は許されません。

4

CC BY-NC

　原作者が求めるクレジット表示をすれば、改変や改変した作品の再配布も可能です。ただし、非営利目的の利用に限られます。

CC BY-NC-SA

　原作者が求めるクレジット表示をし、非営利目的利用の場合に限り、改変や再配布が許されます。改変を行った場合には、元の作品と同じ組み合わせのCCライセンスで公開する必要があります。

CC BY-NC-ND

　原作者が求めるクレジットを表示し、非営利利用の場合であって、かつ、元の作品を改変しないことを条件として、作品の自由な再配布を認めるものです。

4 YouTubeで「歌ってみた」を投稿する行為は大丈夫？

YouTubeで「歌ってみた」動画を投稿するのは問題ない？

他人の演奏した音源を利用しない限り、基本的に問題ないよ

著作権と著作隣接権

　歌について、歌詞・楽曲の著作権と、音源の**著作隣接権**が問題になります。歌詞・楽曲は、JASRAC（日本音楽著作権協会）やNexToneなどの著作権管理団体が管理しています。これらの団体は、YouTubeと包括的な利用許諾契約を締結していることから、管理楽曲等の利用が可能です。JASRACが管理している歌詞・楽曲は、J-WIDという作品データベース検索サービスで検索できます。NexToneが管理している歌詞・楽曲は同社の作品検索データベースで検索可能です。

　YouTubeと契約をしている著作権管理団体が管理している歌詞・楽曲を、その団体の定めるルールに従って利用する限りは、適法に利用できます。歌詞をテロップで流すことも可能です。

　しかし、音源の著作隣接権は、JASRACやNexToneといった、YouTubeと契約を締結している著作権管理団体が管理していません。通常、レコード会社や音楽出版社が管理しています。音源は、別途、レコード会社等の許諾を得ない限り利用できません。そのため、音源については、レコード会社等が「歌ってみた」動画用の音源をHPで公開していないか調べたり、自分で

演奏したり、演奏できる人の協力を得たりする必要があります。

JASRACのルール

　JASRACが管理する楽曲・歌詞は、YouTubeの「歌ってみた」動画で利用できるものの、JASRACのルールに従って利用する必要があります。動画を配信（タイムシフト、アーカイブ配信）するのが個人である場合、その動画が、広告を目的とするものでないときは、当該動画に管理楽曲・歌詞を自由にできる一方で、広告目的であるときはJASRACへの許諾申込みが必要となり、使用料も発生します。動画を配信（タイムシフト、アーカイブ配信）するのが、個人以外（企業・団体）である場合、その動画が、広告目的ではない場合でも、対象となる管理楽曲が国内作品ではなく、国外作品であるときはJASRACへの手続が必要となり、使用料も発生します。動画配信者が、個人であるときは、対象となる管理楽曲が国外作品であったとしても、こうした手続は必要でなく、個人か個人以外かでルールが異なります。また、動画配信者が企業・団体であっても、広告目的利用ではなく、しかも対象となる管理楽曲が国内作品であるときは手続なしで利用可能です。このようなルールの詳細は、JASRACの「YouTubeなど動画投稿（共有）サービスでの音楽利用」というページに説明があります。NexToneのページにも同社のルールが詳しく記載されています。こうしたルールに従って利用する必要があります。

まとめ

　歌詞・楽曲は、JASRACの作品データベースで検索し、仮にJASRACで管理がなくとも、NexToneで管理されていないかを検索データベースで調べ、（YouTubeと利用許諾契約を締結している）いずれかの著作権管理団体で管理されていれば、その管理団体のルールに従って利用できます。音源

は、レコード会社等が「歌ってみた」動画用の音源をHPで公開していない
か調べたり、自分で演奏したり、演奏できる人の協力を得たりする必要があ
ります。HPで音源が公開されている場合、利用ルールが定められているこ
とがあります。ルールに従って利用しましょう。

用語の解説

著作隣接権：著作権法は、実演家・レコード製作者等に著作者の権利に隣接
する権利を付与して保護しており、その権利のことをいいます。これらの者は
著作物を創作するわけではないものの、著作物を伝達するのに重要な役割を
果たしていることなどから、著作権に隣接する権利が付与されて保護が図ら
れています。

4

5 YouTubeでゲーム実況を投稿する行為は大丈夫?

YouTubeで、他社のゲームを使って実況した動画を投稿しても大丈夫?

ゲーム会社のガイドラインを遵守すれば大丈夫だよ

ゲームと著作権

　ゲームの映像や音楽は著作物として保護されています。これを無断で(ゲーム実況動画として)使って投稿すると著作権(複製権・**公衆送信**権)侵害になります。

　一方、YouTubeで投稿されたゲーム実況動画を視聴した視聴者が、ゲームがおもしろいと感じることで、そのゲームを購入する場合があります。このように、ゲーム実況はゲームの広告になります。ゲーム会社もこの点を理解しており、ゲーム会社の多くは、ゲーム実況動画の投稿について、ガイドラインを定め、ガイドラインに従って利用することを認めています。

ガイドライン

　ゲームソフトごとにガイドラインは異なります。以下では、ファイナルファンタジー XVIとファイナルファンタジー VIIリメイクのガイドラインをみてみます。

ファイナルファンタジー XVI のガイドラインをみると、映像に加えて楽曲も実況動画に利用できるとされています。利用できる場所について、個人のホームページやブログ、動画共有サイト、ソーシャル・ネットワーキング・サービスなどとされており、YouTube が含まれます。利用条件について、原則として、商用・営利目的の利用は認めないとしながら、例外として、YouTube 等の動画共有サイトが正式に提供する投稿者向けの収益化機能を利用する場合は問題ない、とされています。映像の利用について、ムービーシーンの視聴を目的とする、ムービーシーンのみ、または大部分がムービーシーンからなる動画の投稿等が禁止されていますが、ゲームプレイ配信中のムービーシーンはこれに該当しない、とされています。楽曲の利用について、ゲーム中の音楽データのみの投稿や音楽の鑑賞を主目的とした動画や再生リストの投稿は禁止するとし、その例として、静止画を背景としたり、プレイヤブルなキャラクターを静止させたままにしたり、単純な操作のみを繰り返したりするなど、通常のプレイ進行を伴わない状態でゲームの音楽データを継続して視聴可能とするもの、が挙げられてます。

　次に、ファイナルファンタジー VII リメイクのガイドラインをみると、上記と似たルールが定められているほか、利用者が、「日本在住の個人のユーザー（ゲームプレイの配信を行うことで法人から給与その他の報酬を得ている方を含みます。）」に限定されています。これに加え、「録画・撮影禁止区間」が設定されています。ストーリー上、特に重要な部分が録画・撮影禁止区間に設定されています。この区間は、利用許諾の対象外であり、投稿することができません。この区間に関する動画投稿をすると著作権侵害になります。こうした禁止区間は、一定の期間経過により、解除され、発売初期に禁止区間であったものが、1年後には禁止区間ではなくなることもあります。また、ファイナルファンタジー VII リメイクのガイドラインでは、禁止区間以外であっても、ゲームシナリオに大きく関わるシーンの投稿の場合、これからプレイされる方の楽しみを奪わないよう、自主的に「ネタバレあり」と表記するよう求められています。お願いベースです。禁止区間以外の区間に関する動画投稿にあたり、「ネタバレあり」の表記がないことから著作権侵害となるわけではありませんが、視聴者に対するマナーとしても重要です。

4

ガイドラインが見つからないときは、ガイドラインがないことから利用が認められているということにはならず、逆に利用が認められていないと考えるべきです。ガイドラインが見あたらないゲームの実況動画の配信・投稿を行う場合、ゲーム会社に直接確認してみるべきです。

まとめ

ゲームの映像や音楽は著作物として保護されており、ゲーム会社に無断でゲーム実況動画を投稿することはできません。しかし、ゲーム実況は、ゲームの広告になるため、ゲーム会社がこれを認めるべく、ガイドラインを設けている場合が多いです。このガイドラインに従って利用すれば、著作権侵害の問題は生じません。ガイドラインが見あたらないときは、ゲーム会社に直接確認してみるべきです。

用語の解説

公衆送信：著作権法2条1項7号の2は、「公衆送信」について、「公衆によって直接受信されることを目的として無線通信または有線電気通信の送信（電気通信設備で、その一の部分の設置の場所が他の部分の設置の場所と同一の構内（その構内が二以上の者の占有に属している場合には、同一の者の占有に属する区域内）にあるものによる送信（プログラムの著作物の送信を除く。）を除く。）を行うことをいう。」と定義しています。

6 YouTube上で、ファスト映画を投稿していい?

YouTube上で、ファスト映画を投稿してもいい? 口頭であらすじを説明するだけであればOK?

ファスト映画は違法だよ。口頭であらすじを説明するだけの場合、ごく短い内容とし、自分の言葉で表現するときはOKだよ。その説明を聞けば映画のあらましが分かるような詳細なものは危険だよ!

ファスト映画と著作権

　ファスト映画は、他人の映画を短時間のものに編集し、ナレーションをつけるなどしてあらすじを紹介する動画です。

　ファスト映画を作成・投稿する行為は、著作物というべき他人の映画の創作的な表現を無断で利用するものであって、著作権侵害というべきものです。

　仙台地判令和3年11月16日裁判所HP参照(令和3年(わ)319号等)および仙台地判令和4年5月19日裁判所HP参照(令和4年(わ)120号)は、ファスト映画作成・配信していた被告人に対し、著作権侵害を行ったとして有罪判決を言い渡しました。

あらすじの説明と著作権

　口頭であらすじを説明するだけの場合、映画・映像の一部をそのまま利

用するわけではありません。

　第2章第2節で、書籍のあらすじ紹介について、あらすじの内容が、書籍中の「アイデア」というべきものをまとめたに過ぎないものであれば著作権侵害とならず、他方、創作的な「表現」に共通性があり書籍の本質的な特徴を直接感得できるようなものであれば著作権侵害になると述べました。

　ファスト映画の場合、映画・映像の一部をそのまま利用することから、創作的な「表現」を利用することになります。しかし、口頭であらすじを説明するだけの場合、ごく短い説明であれば、単に映画における（著作権法による保護を受けない）アイデアというべきものを利用するに過ぎず、著作権侵害はないと考えられます。

　すなわち、著作権法は、著作物の創作者を保護し、保護の対象を「表現」に限定して、「アイデア」を自由利用の対象とすることによって、創作活動を促し文化の発展に寄与することを目的とするものです。例えば、「高校生が登場するラブストーリー」や「高校生の男女が登場し、男女のからだが入れ替わるという謎の現象がおきるラブストーリー」という抽象度の高いものは、アイデアに過ぎません。このような抽象度が高いものを著作物として特定人に独占させてしまうと、将来の創作活動に支障をきたし、文化の発展に寄与しないことが明らかです。ただ、「高校生が登場するラブストーリー」よりは、「高校生の男女が登場し、男女のからだが入れ替わるという謎の現象がおきるラブストーリー」の方が具体化されており、複数のアイデアがAND条件で組み合わさることで、具体性が高まっていき、どこかで表現の域に達します。

　どの程度具体化した段階で、表現の域に達するかについて、画一的な基準はなく、著作物の創作者を保護し、保護の対象を表現に限定して、アイデアを自由利用の対象とすることによって、創作活動を促し文化の発展に寄与することを目的とする著作権法に趣旨に照らして、事案ごとに検討して、アイデアか表現かを区別していくほかありませんが、ごく短い説明であれば、映画における（著作権法の保護対象外である）アイデアというべきものをまとめたに過ぎないといえるでしょう。

　文化庁は、著作権Ｑ＆Ａのページを設けていますが、その中で、「最新の

ベストセラー小説のあらすじや要約を書いて、ホームページに掲載することは、著作権者に断りなく行えますか。」という質問を設定し、この質問に対し、「どの程度のあらすじかによります。ダイジェスト（要約）のようにそれを読めば作品のあらましが分かるというようなものは、二次的著作物の創作に関する権利（**翻案**権、著作権法27条）が働くので、要約の作成について著作権者の了解が必要です・・・一方、2～3行程度のごく短い内容程度のもので、著作物を感得できるほどのものではない場合、著作権が働く利用とは言えず、著作権者の了解を得る必要はありません。」との回答を掲載しています。映画のあらすじに関する回答ではなく、小説のあらすじに関する回答ですが、参考になります。

まとめ

　ファスト映画については有罪判決が出ており、著作権侵害になることが明らかです。映画のあらすじを（著作権者に無断で）口頭で説明する動画を配信するときは、ごく短い内容とするのが安全です。ごく短い内容であれば、映画中のアイデアというべき部分（著作権法により保護されない部分）を伝えるものに過ぎないからです。他方、それをみれば映画のあらましが分かるような詳しい説明は危険です。

用語の解説

翻案：既存の著作物に依拠し、かつ、その表現上の本質的な特徴の同一性を維持しつつ、具体的表現に修正、増減、変更等を加えて、新たに思想または感情を創作的に表現することにより、これに接する者が既存の著作物の表現上の本質的な特徴を直接感得することのできる別の著作物を創作する行為をいいます。

7 オンラインセミナーをアーカイブとして何度も再生可能な状態にしてもいい？

他人のオンラインセミナーをアーカイブとしてネット上で公開し、何度も再生可能な状態にしてもいい？

著作権侵害になるからダメだよ

オンラインセミナーの著作物性

　著作権法10条1項は、著作物を例示列挙しており、同項1号には、「小説、脚本、論文、講演その他の言語の著作物」が明記されています。このように「講演」は著作物というべきものであり、オンラインセミナーも基本的に著作物として保護されます。東京地判平成28年12月15日裁判所HP参照（平成28年（ワ）11697号）は、宗教法人の活動等に関する講演内容について、講演者の思想を言語により表現したものとして、発言部分ごとに言語の著作物に該当すると述べて著作物性を肯定しました。

　したがって、オンラインセミナーにおける発言等の内容は著作物として保護され、講師に無断で利用できません。

アーカイブの公開と著作権

　デジタル化したセミナー動画を無許諾でインターネットを経由して送信

し公開すると、**公衆送信**権の侵害となります。

　なお、著作権法38条1項は、公表された著作物は、営利を目的とせず、かつ、聴衆または観衆から料金を受けない場合には、公に上演し、演奏し、上映し、または口述できると規定しますが、非営利の「公衆送信」を認める文言はありません。このほか、アーカイブのインターネットによる一般公開を適法とする権利制限規定はみあたりません。したがって、他人のオンラインセミナーをアーカイブとしてネット上で公開するためには、講師（著作権者）の許諾を得る必要があります。

まとめ

　著作物というと、音楽、漫画、映画といったものを想像し易いと思いますが、セミナー中の発言等も基本的に著作物として保護されます。他人のセミナー動画を無許諾でアーカイブとしてネット上で公開すると、著作権侵害となります。

4

用語の解説

公衆送信：著作権法2条1項7号の2は、「公衆送信」について、「公衆によって直接受信されることを目的として無線通信または有線電気通信の送信（電気通信設備で、その一の部分の設置の場所が他の部分の設置の場所と同一の構内（その構内が二以上の者の占有に属している場合には、同一の者の占有に属する区域内）にあるものによる送信（プログラムの著作物の送信を除く。）を除く。）を行うことをいう。」と定義しています。

▼著作権法10条1項

（著作物の例示）

第10条　この法律にいう著作物を例示すると、おおむね次のとおりである。

　1　小説、脚本、論文、講演その他の言語の著作物

　2　音楽の著作物

　3　舞踊又は無言劇の著作物

　4　絵画、版画、彫刻その他の美術の著作物

5 建築の著作物

6 地図又は学術的な性質を有する図面、図表、模型その他の図形の著作物

7 映画の著作物

8 写真の著作物

9 プログラムの著作物

▼著作権法38条1項

（営利を目的としない上演等）

第38条 公表された著作物は、営利を目的とせず、かつ、聴衆又は観衆から料金を受けない場合には、公に上演し、演奏し、上映し、又は口述することができる。ただし、当該上演、演奏、上映又は口述について実演家又は口述を行う者に対し報酬が支払われる場合は、この限りでない。

8 テレビドラマの小道具として他人の商品（書籍など）を使いたいが大丈夫？　書籍の中身を見せることは大丈夫？

テレビドラマの小道具として他人の商品（書籍など）を使いたけど大丈夫かな？　書籍の中身を見せることはどうかな？

他人の商品（書籍など）を使うことができる場合があるよ。書籍の中身（コンテンツ）を視聴者が把握できるような態様で見せることは危険だよ

4

商品と著作物性

　商品が著作物か否かをまず検討する必要があります。商品が著作物でなければ、当該商品を小道具として利用しても著作権侵害とはなりませんが、商品が著作物であれば著作権侵害となる可能性があります。

　商品の立体形状（3Dデザイン）は、基本的に著作物として保護されません。商品の立体形状は、基本的に意匠法で保護されるべきものです。ただし、商品が、キャラクターのフィギュアやぬいぐるみなどの場合、例外的に立体形状が著作物として保護されます。また、商品上に平面的なデザイン（2Dデザイン）が付されていることがあります。キャラクター入りの弁当箱といったキャラクターグッズです。こうした2Dデザインは、3Dデザインと比べて、著作権法による保護を受け易く注意が必要です。とはいえ、下記の、ペットボトル上の2Dデザイン（東京地判平成20年12月26日判時2032号

183

11頁)、カタログ表紙の2Dデザイン（知財高判平成28年12月21日判時2340号88頁）、ロゴデザイン（東京批判平成25年3月8日裁判所HP参照（平成23年（ワ）28917））はいずれも著作物性が否定されており、実用に供する目的で作られた商品に関する2Dデザインも、鑑賞に供する目的で作られた絵画等と比べると、著作物性が肯定される場合は限定的です。

▼ 2Dデザイン

出典：判決別紙より

　このように著作物として保護されない商品を小道具として利用しても著作権侵害にはなりません。

　他方、書籍の中身やゲームソフトの中身（映像や音楽）といったコンテンツは著作権法の守備範囲に属するもので、典型的な著作物です。

　キャラクターグッズ、書籍の中身、ゲームの中身などを映す場合、著作物というべきものを利用することになり、著作権侵害が問題になります。以下では、こうした他人の著作物の利用が例外的に著作権侵害とならない場面についてみていきます。

付随対象著作物の利用等

　テレビ映像上で、他人の書籍を開いた場面が映っているが、遠目から撮影

されていることから、書籍の中身（コンテンツ）を視聴者が把握できない場合、書籍の表現上の本質的な特徴（著作権法で保護されるべき部分）がテレビ映像から直接感得できないため、実質的にみて、他人の著作物を無断で利用したものとは評価できず、著作権侵害にはなりません。

このほか、著作権法30条の2は、放送等をするにあたり、付随して撮影等の対象となる他人の著作物について、当該著作物が軽微な構成部分となるに過ぎない場合、正当な範囲内で、著作権者の利益を不当に害することのない態様で利用できると規定します。この権利制限規定は、平成24年の著作権法改正によって創設され、令和2年の改正により、自由利用が認められる範囲が広がりました。改正前は、「分離困難性」という要件があり、適法に利用できる他人の著作物は、メインの伝達物から分離が困難なものに限定されていました。改正後は、「分離困難性」が必須の要件ではなくなり、「正当な範囲内」の利用か否かを判断する際の考慮要素の一つになりました。したがって、テレビ撮影にあたり、キャラクターグッズ、書籍の中身などをあえて小道具として映り込ませる場合、改正前は著作権法30条の2が適用されず比較的容易に違法と判断できましたが、改正後は「正当な範囲内」のものか検討する必要があります。

「正当性」の要件について、他人の著作物の利用により利益を得る目的の有無、伝達物から他人の著作物を分離することが困難である程度、伝達物において他人の著作物が果たす役割などが考慮されます。例えば、経済的な利益を得る目的を有していたり、他人の著作物を意図的に入れ込んだり、伝達物である作品のテーマとの関連性が強く、作品の中で他人の著作物が重要な役割を果たしていたりする場合、これらの各事情は正当性を否定する方向に働きます。もっとも、ある一つの考慮要素について不利に評価されることのみをもって、正当性が否定されることにはならず、各事情を総合的にみて判断されます。例えば、家族の思い出を残すために、色々と写真を撮り、その中で、好きなキャラクターのぬいぐるみ（他人の著作物）を子供に抱かせた写真も撮り、複数の写真をSNS上で親しい友人にのみに、単に近況を報告するために公開する場合、意図的に他人の著作物を入れ込んでいますが、撮影者に経済的な利益を得る目的はなく、この写真が拡散されるおそれ

4

も低いほか、子供との思い出を残すにあたり子供に好きなキャラクターのぬいぐるみを抱かせて写真を撮ることはぬいぐるみの著作権者も想定できる利用態様であることに照らすと、「正当性」やその他の著作権法30条の2の要件を満たすと考えられます。他方、テレビドラマの小道具として書籍の中身（コンテンツ）を視聴者が把握できるように見せることは、意図的に他人の著作物を入れ込んでいるだけでなく、経済的な利益を得る目的もあり、しかも多くの視聴者が閲覧可能です。さらに、書籍の中身まで見せるとなると、その書籍のテレビドラマにおける役割も小さなものではなくなっていくということができます。こうした利用態様は、著作権法30条の2所定の要件を満たさず、書籍の著作権者の許諾がない限り、著作権侵害になる可能性が高いと考えます。

まとめ

　他人の商品について、著作物でないものは自由に利用できるほか、著作物における表現上の本質的な特徴が把握できない態様で映す場合は著作権侵害にはなりません。著作権法30条の2の改正により、他人の著作物を小道具として利用できる余地が生じました。しかし、著作物というべき小道具をテレビドラマに映して放送する場合に、同法が適用されるハードルは低くなく、書籍の中身（コンテンツ）を視聴者が把握できるような態様で見せることは、書籍の著作権者の許諾がない限り、著作権侵害となる可能性が高い行為です。

▼著作権法30条の2

（付随対象著作物の利用）
第30条の2　写真の撮影、録音、録画、放送その他これらと同様に事物の影像又は音を複製し、又は複製を伴うことなく伝達する行為（以下この項において「複製伝達行為」という。）を行うに当たつて、その対象とする事物又は音（以下この項において「複製伝達対象事物等」という。）に付随して対象となる事物又は音（複製伝達対象事物等の一部を構成するものとして対象となる事物又は音を含む。以下この項において「付随対象事物等」という。）に係る著作物

（当該複製伝達行為により作成され、又は伝達されるもの（以下この条において「作成伝達物」という。）のうち当該著作物の占める割合、当該作成伝達物における当該著作物の再製の精度その他の要素に照らし当該作成伝達物において当該著作物が軽微な構成部分となる場合における当該著作物に限る。以下この条において「付随対象著作物」という。）は、当該付随対象著作物の利用により利益を得る目的の有無、当該付随対象事物等の当該複製伝達対象事物等からの分離の困難性の程度、当該作成伝達物において当該付随対象著作物が果たす役割その他の要素に照らし正当な範囲内において、当該複製伝達行為に伴つて、いずれの方法によるかを問わず、利用することができる。ただし、当該付随対象著作物の種類及び用途並びに当該利用の態様に照らし著作権者の利益を不当に害することとなる場合は、この限りでない。

2　前項の規定により利用された付随対象著作物は、当該付随対象著作物に係る作成伝達物の利用に伴つて、いずれの方法によるかを問わず、利用することができる。ただし、当該付随対象著作物の種類及び用途並びに当該利用の態様に照らし著作権者の利益を不当に害することとなる場合は、この限りでない。

4

9 YouTubeのいわゆる「切り抜き」は許可が必要？

人気YouTuberの切り抜き動画を作り投稿するには、当該YouTuberの許可が必要かな？

許可が必要だよ。動画の切り抜きを認めるYouTuberもいるよ

切り抜き動画と著作権等

人気YouTuberの動画が長い場合、その要点を短時間で知りたいというニーズがあります。長時間の動画視聴ができない方でも、重要なシーンや特に面白いシーンだけがピックアップされていることで視聴されることがあります。こうした理由から、動画の一部を切り抜いて再編集した、いわゆる切り抜き動画が流行っています。

しかし、人気YouTuberの動画をダウンロードし、編集を行い、投稿する行為は、人気YouTuberの著作権（複製権、**翻案**権、**公衆送信**権）および著作者人格権（**同一性保持権**）を侵害する行為です。

切り抜き動画を利用して収益化をはかるときは、専ら、人気YouTuberが有する顧客吸引力を利用する目的によるものと評価でき、人気YouTuberの**パブリシティ権**を侵害する行為にもなります。

したがって、切り抜き動画を作成・投稿するには人気YouTuberから許可を受ける必要があります。

切り抜き動画と許可

　切り抜き動画を一定の条件で認める人気YouTuberがいます。この切り抜き動画に関する収益は人気YouTuberと配分される仕組みとなっており、人気YouTuberにとってもメリットがあります。配分率はYouTuberごとで異なります。

　切り抜き動画を一定の条件の下で認めているYouTuberは、「2ちゃんねる」の創設者である「ひろゆき」氏、「ホリエモン」氏、メンタリスト「DaiGo」氏、「東海オンエア」などです。「ひろゆき」氏、「ホリエモン」氏、メンタリスト「DaiGo」氏は、ガジェット通信のページに申請フォームが用意されており、このページから申請して許可を受けることができます。「東海オンエア」は、UUUMのページに問合せフォームがあります。

　なお、人気YouTuber「ヒカル」氏は、過去、切り抜き動画を広く認めていましたが、考えを変え、YouTubeにおける切り抜き動画を禁止しています。あくまでYouTubeにおける切り抜き動画の禁止であり、TikTokへの切り抜き動画のアップはこれまでどおり認める方針のようです。

　また、切り抜き動画の作成・投稿にあたり、ルールを定めている人気YouTuberもおり、ルールがある場合はそれを遵守しなければなりません。

4

まとめ

　人気YouTuberの動画に関する切り抜きを無許可で作成・投稿する行為は、著作権、著作者人格権、パブリシティ権を侵害する可能性が高いものです。切り抜き動画を一定の条件で認める人気YouTuberがおり、当該条件に従って作成・投稿することで権利侵害を回避できます。

用語の解説

翻案：既存の著作物に依拠し、かつ、その表現上の本質的な特徴の同一性を維持しつつ、具体的表現に修正、増減、変更等を加えて、新たに思想または感

情を創作的に表現することにより、これに接する者が既存の著作物の表現上の本質的な特徴を直接感得することのできる別の著作物を創作する行為をいいます。

公衆送信：著作権法2条1項7号の2は、「公衆送信」について、「公衆によって直接受信されることを目的として無線通信または有線電気通信の送信（電気通信設備で、その一の部分の設置の場所が他の部分の設置の場所と同一の構内（その構内が二以上の者の占有に属している場合には、同一の者の占有に属する区域内）にあるものによる送信（プログラムの著作物の送信を除く。）を除く。）を行うことをいう。」と定義しています。

同一性保持権：著作者は、著作物の同一性を保持する権利（その意に反して改変を受けない権利）を有しています。著作者人格権の一つです。

パブリシティ権：人の氏名や肖像等は、商品の販売等を促進する顧客吸引力を有する場合があり、このような顧客吸引力を排他的に利用する権利をいいます。

10　Zoom等でのオンライン会議の様子をことわりなく録画するのは問題ない？

Zoom等でのオンライン会議の様子をことわりなく録画して大丈夫？

ことわりなく録画すると著作権侵害となる場合があるから、参加者から事前に了承を得ておくのが安全だよ

オンライン会議と著作物性

オンライン会議で、企画書やプレゼン資料の画面共有があったり、商品写真の画面共有があったりすると、企画書、プレゼン資料、商品写真には、著作物性が認められる場合が多いことから、オンライン会議の内容を無断で録画すると、複製権（著作権の一つ）を侵害する可能性が高いです。

そうした書類・写真共有はなく、単に会話で商談等がされるに過ぎない場合、かかる会話自体に著作物性が認められるかについては、著作物性が認められる場合と、認められない場合があります。

会議では、自らの思想、感情、アイデア、事実を簡潔に分かりやすく説明するため、ありふれた表現で手短に説明することがよくあります。思想、感情、アイデア、事実は著作権法が保護する対象ではなく、これらをありふれた表現で手短に説明するときは、当該説明表現は、著作権法により保護されるべき創作的な表現ではなく、著作物ではありません。

一方、創作的な表現というためには、個性の発揮があれば足りるとされており、高度の創作性は求められません。東京地判平成10年10月29日判時

1658号166頁およびその控訴審である東京高判平成11年5月26日裁判所HP参照（平成10年（ネ）5223号）は、インタビューの応答について著作物性を認めました。また、文化庁は、著作権Q＆Aのページを設けており、その中で、「座談会における出席者の発言は著作物ですか。」という質問を設定し、この質問に対し、「座談会における出席者の発言は一般的に著作物と考えられます。」との回答を掲載しています。会議中の発言に関する回答ではないものの、参考になります。これらからすれば、会話の選択や配列、具体的な用語の選択、言い回しなどに個性が表れていれば、著作物ということができ、オンライン会議中に、こうした個性的な表現が出てくる場合もあるといえます。

　したがって、オンライン会議の内容は、著作物として保護される場合があり、著作物を録画する行為は、複製権を侵害する行為です。録画するときは、参加者の了承を得ておくのが安全です。

私的使用と社内使用

　著作権法30条1項は、「私的使用」のために著作物を複製（コピー）する行為は適法とします。権利制限規定の一つです。社内で会議の内容を見返す目的で、社内という閉鎖的な空間における限定的な利用のために無断で録画したに過ぎない場合、「私的使用」のための複製として適法と言い得るか否かについて、裁判所は、会社において、内部的とはいえ業務上利用するために著作物を複製する行為は、「私的使用」に該当しないと判断しています（東京地判昭和52年7月22日無体集9巻2号534頁）。

まとめ

　オンライン会議の内容が著作物として保護される結果、無断録画が禁止される場合がある一方で、その内容が著作物として保護されないことから、

無断録画を適法に行えるケースもあります。オンライン会議の内容次第です。会議中に、企画書、プレゼン資料または商品写真の画面共有が行われる場合には、著作物として保護される可能性が高くなりますので、録画について参加者の了承を得ておくべきです。そうした事情がなくとも、会話における表現に個性が表れていれば、著作物として保護を受けます。保護を受けるために、高い創作性が要求されるわけではないことからすれば、基本的に参加者の了承を得てから録画すべきです。

▼著作権法30条1項

(私的使用のための複製)

第30条　著作権の目的となつている著作物（以下この款において単に「著作物」という。）は、個人的に又は家庭内その他これに準ずる限られた範囲内において使用すること（以下「私的使用」という。）を目的とするときは、次に掲げる場合を除き、その使用する者が複製することができる。

〜省略〜

4

11 Zoom等でのオンライン会議の動画を参加者に知らせず公開するのは問題ない？

Zoom等でのオンライン会議の動画を参加者に無断で公開して大丈夫？

Zoom等でのオンライン会議の動画を参加者に無断で公開すると、著作権侵害のほか、肖像権侵害等の問題も生じるよ。参加者の事前の了承を得ておくべきだよ

著作権侵害

　オンライン会議の内容が著作物として保護される場合がある一方で、その内容が著作物として保護されない場合もあります（第4章第10節参照）。会議中の会話の選択や配列、具体的な用語の選択、言い回しなどに個性が表れていれば、著作物として保護されます。会議中に、企画書、プレゼン資料または商品写真の画面共有が行われる場合には、著作物として保護される可能性が高まります。

　著作物として保護される会議の動画を、ネット上で公開する行為は、**公衆送信権**（著作権の一つ）を侵害するものです。

肖像権等の侵害

　個人は、みだりに自己の容ぼうを撮影されず、自己の容ぼうを撮影した動画をみだりに公表されない権利を有しており、これを肖像権といいます。

194

肖像権侵害になるか否かは、被撮影者の社会的地位、撮影された被撮影者の活動内容、撮影の場所、撮影の目的、撮影の態様、撮影の必要性、公表の態様等を総合考慮して、被撮影者の、自己の容ぼうを撮影した動画をみだりに公表されない人格的利益の侵害が社会生活上受忍の限度を超えるものといえるかどうかという観点から判断されます（第3章第9節参照）。オンライン会議が、限定された人の間で行われるものであり、一般に公開される予定ではなく、しかも、参加者に一般人が含まれている場合、当該会議の内容が一般に公開されると参加者が平穏に日常生活を送る利益が害され、その侵害が社会通念上受忍の限度を超える場合がありえます。こうした会議にかかる動画を無断で公開すると、肖像権侵害となります。たとえ、参加者が、オンラインの会議を録画することについて同意していたとしても、これを一般に公開することについてまで同意したことにはならず、別途、公開について了承を得ておく必要があります。

　このほか、個人の氏名、勤務先など、特定の個人を識別できる情報を無許可で公開すると個人情報保護法違反となる場合がありますし、営業秘密を扱う会議の内容を無断で公開すると、不正競争防止法違反となる場合もあります。

4

まとめ

　オンライン会議の動画を無断で公開する行為は、著作権侵害および肖像権侵害、さらには、個人情報保護法違反および不正競争防止法違反などの問題が生じるおそれがあるものです。公開前に参加者の了承を得ておくべきです。録画について参加者の了承を得ていたとしても、そのことから直ちに録画動画を一般に公開することについて同意を得たことにはならず、別途、一般への公開について了承を得ておく必要があります。

用語の解説

公衆送信：著作権法2条1項7号の2は、「公衆送信」について、「公衆によって直接受信されることを目的として無線通信または有線電気通信の送信（電気通信設備で、その一の部分の設置の場所が他の部分の設置の場所と同一の構内（その構内が二以上の者の占有に属している場合には、同一の者の占有に属する区域内）にあるものによる送信（プログラムの著作物の送信を除く。）を除く。）を行うことをいう。」と定義しています。

第5章 著作権のその他のトピック

1 プログラムに著作権は発生するの?

プログラムは、絵画のように鑑賞する対象ではないけど、プログラムにも著作権は発生するの?

プログラムにも著作権が発生する場合があるよ。すべてのプログラムに著作権が発生するわけではないよ

プログラムと著作権法

　著作権法2条1項10号の2は、プログラムについて、「電子計算機を機能させて一の結果を得ることができるようにこれに対する指令を組み合わせたものとして表現したものをいう。」と定義し、同法10条1項9号は、著作物の一例として、「プログラムの著作物」を明記し、同条3項は、「プログラムの著作物」に対する著作権法の保護は、その著作物を作成するために用いる**プログラム言語**、**規約**および**解法**には及ばないとします。プログラム言語、規約および解法は、プログラムを作成するためのツールに過ぎず、著作権法が保護する対象ではありません。

　また、単なるデータに過ぎないものは、電子計算機に対する指令の組合せを含むものではなく、「プログラムの著作物」ではありません（東京高決平成4年3月31日知財裁集24巻1号218頁）。

　さらに、著作権法は、思想または感情の創作的表現（著作権法2条1項1号）を保護するもので、アイデアを保護するものではありません。プログラムは、コンピュータを機能させる特性があるため、ある機能を果たさせるためにはある表現しかあり得ないという場合があります。この場合、表現とア

イデアが混同しており、こうした表現を著作権法で保護すると、アイデア自体を同法で保護する結果となってしまうことから、かかる表現は、著作権法の保護対象外です。

知財高判平成29年3月14日裁判所HP参照（平成28年（ネ）10102号）は、プログラムに著作物性が認められる場合について次のとおり述べます。

> 「プログラムの著作物性が認められるためには、指令の表現自体、同表現の組合せ、同表現の順序からなるプログラムの全体に選択の幅が十分にあり、かつ、それがありふれた表現ではなく、作成者の個性が表れているものであることを要するということができる。プログラムの表現に選択の余地がないか、あるいは、選択の幅が著しく狭い場合には、作成者の個性の表れる余地がなくなり、著作物性は認められなくなる。」

この判断からすると、著作権法が保護する対象は、プログラムによって実現される機能ではなく、その機能を実現するための特定の指令表現です。他人が別の指令表現で同様の機能を持つプログラムを作り提供することは、著作権法では阻止できません。なぜなら、著作権法は、プログラムによって実現される機能それ自体を保護するものではなく、その機能を実現するための指令表現が異なれば、もはや全く別の著作物というべきだからです。

以上のように、プログラムも著作物として保護される場合がありますが、保護されない場合もあり、さらに、たとえ保護されるとしても、保護範囲は限定的です。

プログラムと他の法律

プログラムにおける処理手順（アイデア）やアルゴリズム（解法）、プログラムによって実現される機能は、表現を保護する著作権法の保護対象ではなく、これらについて、競業者を排して独占的に実施したい場合、特許権の取得を検討されるべきです。不正競争防止法は、営業秘密の不正使用等を禁

じているところ、プログラムの詳細を秘匿しつつプログラムを実用化できるときには、営業秘密として管理し、不正競争防止法による保護を図ることも考えられます。

　他人のプログラムを参考にする側の立場においても、著作権侵害だけでなく、特許権侵害にも注意を払う必要があります。また、他人のプログラムの取得経緯に明らかに不審な点があれば、詳細を確認しておくことで、不正競防止法違反行為に巻き込まれる事態を回避できます。なお、一般に公開されているソースコード（高水準言語によるプログラム）を利用する場合、ライセンス条件に沿う態様で利用する限りは、適法に利用可能ですが、ライセンス条件をよく確認し、その範囲内で利用する必要があります。ソースコードがウェブ上で公開されているとしても、そのことから直ちに自由に利用できることをプログラマーがライセンス（許諾）していることにはなりません。ライセンス条件が明らかでない場合には、安全を期して、プログラマーに利用条件を事前確認しておくべきです。

まとめ

　プログラムにも著作権が発生する場合があります。著作権法が、プログラムを保護する範囲は広くありません。プログラムの保護や利用については、著作権だけでなく、特許や不正競争についても検討しておきましょう。

用語の解説

プログラム言語：著作権法10条3項1号は、「プログラム言語」について、「プログラムを表現する手段としての文字その他の記号およびその体系をいう。」と定義しています。
規約：著作権法10条3項2号は、「規約」について、「特定のプログラムにおける前号のプログラム言語の用法についての特別の約束をいう。」と定義しています。
解法：著作権法10条3項3号は、「解法」について、「プログラムにおける電子計算機に対する指令の組合せの方法をいう。」と定義しています。

▼著作権法2条1項1号

（定義）

第2条　この法律において、次の各号に掲げる用語の意義は、当該各号に定めるところによる。

1　著作物　思想又は感情を創作的に表現したものであつて、文芸、学術、美術又は音楽の範囲に属するものをいう。

▼著作権法2条1項10号の2

（定義）

第2条　この法律において、次の各号に掲げる用語の意義は、当該各号に定めるところによる。

〜省略〜

10の2　プログラム　電子計算機を機能させて一の結果を得ることができるようにこれに対する指令を組み合わせたものとして表現したものをいう。

▼著作権法10条1項9号

（著作物の例示）

第10条　この法律にいう著作物を例示すると、おおむね次のとおりである。

〜省略〜

9　プログラムの著作物

▼著作権法10条3項1号〜3号

（著作物の例示）

第10条　この法律にいう著作物を例示すると、おおむね次のとおりである。

〜省略〜

3　第1項第9号に掲げる著作物に対するこの法律による保護は、その著作物を作成するために用いるプログラム言語、規約及び解法に及ばない。この場合において、これらの用語の意義は、次の各号に定めるところによる。

1　プログラム言語　プログラムを表現する手段としての文字その他の記号及びその体系をいう。

2　規約　特定のプログラムにおける前号のプログラム言語の用法についての特別の約束をいう。

3　解法　プログラムにおける電子計算機に対する指令の組合せの方法をいう。

5

2 AIが作成した文章やイラストに著作権は発生するの？

AIが作成した文章やイラストに著作権は発生するの？
著作権が発生する場合は、その権利は誰のものなの？

AI生成物を得るにあたり、人の創作的意図と創作的寄与があれば著作権が発生するけど、単にAIに簡単な指示をするにとどまるなど、人の創作的寄与が認められない場合には、著作権は発生しないよ。著作権者は、創作的寄与をした人であり、通常、AIプログラムや学習済みモデルの作成者ではなく、同モデルの利用者（ユーザー）だよ

AI生成物の保護

　著作権法は、「思想または感情を創作的に表現したもの」（同法2条1項1号）を保護対象としており、この「思想または感情」は、「人の思想または感情」を指します。人以外の動物や自然が作り出したものは著作権法で保護されず、これと同様に、AIが自律的に生成したものも保護対象外です。

　AIが生成したものは、必ずしもAIによって自律的に生成される創作物ばかりではなく、人による何らかの創作的な関与がありAIを道具として利用したといえる場合があります。このような考えのもと、内閣に設置された機関である知的財産戦略本部は、平成29年3月付け「新たな情報財検討委員会報告書　―データ・人工知能（AI）の利活用促進による産業競争力強化の基盤となる知財システムの構築に向けて―」において、次のとおり整理します。

　「AI生成物を生み出す過程において、学習済みモデルの利用者に創作意

図があり、同時に、具体的な出力であるAI生成物を得るための創作的寄与があれば、利用者が思想感情を創作的に表現するための『道具』としてAIを使用して当該AI生成物を生み出したものと考えられることから、当該AI生成物には著作物性が認められ、その著作者は利用者となる。一方で、利用者の寄与が、創作的寄与とは認められないような簡単な指示にとどまる場合（AIのプログラムや学習済みモデルの作成者が著作者となる例外的な場合を除く）、当該AI生成物は、AIが自律的に生成した『AI創作物』であると整理され、現行の著作権法上は著作物と認められないこととなる。」

　上述の「創作意図」について、報告書には、「コンピュータ・システムの使用という事実行為から通常推認し得るものであり、また、具体的な結果物の態様についてあらかじめ確定的な意図を有することまでは要求されず、当初の段階では『コンピュータを使用して自らの個性の表れとみられる何らかの表現を有する結果物を作る』という程度の意図があれば足りるものと考えられる。」と記載されており、こうした意図の存在は認められ易いといえます。

5

　次に、具体的にどのような「創作的寄与」があれば著作物性が肯定されるかについて、報告書には、「現時点で、具体的な方向性を決めることは難しい」旨記載されています。一方、「創作的寄与」の有無の評価方法について、「一般に使用者の行為には入力段階のみならず、その後の段階においても対話形式などにより各種の処理を行い、最終的に一定の出力がなされたものを選択して作品として固定するという段階があり、これらの一連の過程を総合的に評価する必要がある。」と記載されています。

　以上のことからすると、利用者が単純な指示だけを行って出来上がったAI生成物（文章やイラストなど）は、それがいかに創造的にみえても著作権法による保護対象にはなりません。このようなAI生成物は他人が無断で適法に利用できてしまうところ、それでは創作活動にあたりAIを利用し難くなりそうです。また、AI生成物だけをみると、人による創作と見分けがつかないため、AIの利用者は、AI生成物について法的保護を受けるべく、人によ

る創作物であるなどとウソを言うおそれがあり、人により創作されたなどと詐称したAI成果物が大量に市場に供給されることが懸念されます。これらは、人の創作活動に影響を与える問題であり、引き続き検討が必要です。

他の問題（機械学習の限界など）

　上記は、AIが関与して生成されたものをどう保護するかという問題であるのに対し、AIがどこまで自由に、人の創作物を学習してよいものか、学習済みAIが自律的に生成したものが著作権法による保護を受けないとしても、生成物が、学習データ中に含まれていた、他人の著作物と同一・類似している場合、当該生成物の利用が著作権侵害になるか（著作権侵害の成立要件の一つである**依拠性**についてどう考えるか）も問題です。

　著作権法30条の4は、原則として、他人の著作物を機械学習などの解析に利用できるとし、例外として、著作権者の利益を不当に害する場合は解析できないとします。JASRACは、令和5年7月24日付けの「生成AIと著作権の問題に関する基本的な考え方」と題するプレスリリースで、生成AIの学習に伴う著作物の利用が原則として可能という枠組みは、G7の中で日本だけであるとして、国際調和（さらには人の創造性の尊重）という観点から懸念を示しています。この点、「著作権者の利益を不当に害する」とはどういう場合かについて明確化していくことが重要です。例えば、ある特定のクリエイターのイラストばかりを学ばせ、そのクリエイターを代替できるような機械学習は許されないというように明確化していくことが考えられます。

　次に、AIによる機械学習の段階で、あるクリエイターの著作物が学習され、それがパラメータ（学習実行後に獲得される値）として抽象化・断片化された後に、AIを利用する者が簡単な指示を行い、AIが自律的に生成したものが、前記クリエイターの著作物とそっくりであったときに、上記パラメータの中に当該著作物のコピーがないことから、「依拠性」を否定して著作権侵害を否定するのか、それとも、AIは、学習時に、クリエイターの著作物に触れているのであるから、「依拠性」を肯定して著作権侵害を認めるの

かという問題があります。この問題については、見解が分かれて錯綜している印象です。もっとも、上で述べた場合と異なり、AIツールの利用者が具体的にある既存の著作物を指定し、それに似せた作品を出力させたような場合には、「依拠性」が肯定されるであろうと考えます。

　このほか、学習済みモデルの作成者と、利用者が異なる場合に、どちらが責任を負うのか、いずれもが責任を負う場合があるのか、さらには、どのような学習データが使われたか知らない利用者の過失を肯定できるか、といった問題もあります。

まとめ

　AIが作成した文章やイラストに著作権は発生するかについて、AI生成物を得るにあたり、人の創作的意図と創作的寄与があれば著作権が発生し、単にAIに簡単な指示をするにとどまるなど、人の創作的寄与が認められない場合には、著作権が発生しないと整理されています。著作権者は、創作的寄与をした人であり、通常、AIプログラムや学習済みモデルの作成者ではなく、同モデルの利用者（ユーザー）です。

　まだまだ解決すべき問題があり、諸外国における整理にも注意を払いつつ、早急な論点整理が望まれます。政府は令和5年6月9日に、AIを巡り、著作権侵害が多発するおそれがあるとして、法的な論点整理を進めて必要な対策を検討する考えを示しました。

5

用語の解説

依拠性：著作権侵害が成立するための要件の一つであり、他人の著作物を知り、その表現形式を素材として使用することをいいます。作品の表現形式が偶然一致するにすぎない場合は著作権侵害になりません。

▼著作権法2条1項1号

　（定義）
　第2条　この法律において、次の各号に掲げる用語の意義は、当該各号に定め

るところによる。

1　著作物　思想又は感情を創作的に表現したものであつて、文芸、学術、美術又は音楽の範囲に属するものをいう。

▼著作権法30条の4

（著作物に表現された思想又は感情の享受を目的としない利用）

第30条の4　著作物は、次に掲げる場合その他の当該著作物に表現された思想又は感情を自ら享受し又は他人に享受させることを目的としない場合には、その必要と認められる限度において、いずれの方法によるかを問わず、利用することができる。ただし、当該著作物の種類及び用途並びに当該利用の態様に照らし著作権者の利益を不当に害することとなる場合は、この限りでない。

1　著作物の録音、録画その他の利用に係る技術の開発又は実用化のための試験の用に供する場合

2　情報解析（多数の著作物その他の大量の情報から、当該情報を構成する言語、音、影像その他の要素に係る情報を抽出し、比較、分類その他の解析を行うことをいう。第47条の5第1項第2号において同じ。）の用に供する場合

3　前2号に掲げる場合のほか、著作物の表現についての人の知覚による認識を伴うことなく当該著作物を電子計算機による情報処理の過程における利用その他の利用（プログラムの著作物にあつては、当該著作物の電子計算機における実行を除く。）に供する場合

3 ChatGPTの作成した文章に著作権は発生するの？

ChatGPTが作成した文章に著作権は発生するの？　著作権が発生する場合は、その権利は誰のものなの？

人の創作的意図と創作的寄与があれば著作権が発生するけど、単にChatGPTに簡単な指示をするにとどまるなど、人の創作的寄与が認められない場合、著作権は発生しないよ。著作権者は、創作的寄与をした人であり、ChatGPTの利用者（ユーザー）だよ

ChatGPT生成物の保護

5

　著作権法は、「思想または感情を創作的に表現したもの」（同法2条1項1号）を保護対象としています。この「思想または感情」は、「人の思想または感情」を指します。人以外の動物や自然が作り出したものは同法で保護されず、これと同様に、ChatGPTが自律的に生成したものも保護対象外です。もっとも、ChatGPTが生成したものは、必ずしもChatGPTによって自律的に生成される創作物ばかりではなく、人による何らかの創作的な関与が肯定される場合もあると考えられます。

　内閣に設置された機関である知的財産戦略本部は、平成29年3月付け「新たな情報財検討委員会報告書　―データ・人工知能（AI）の利活用促進による産業競争力強化の基盤となる知財システムの構築に向けて―」において、次のとおり整理します。

　「AI生成物を生み出す過程において、学習済みモデルの利用者に創作意

図があり、同時に、具体的な出力であるAI生成物を得るための創作的寄与があれば、利用者が思想感情を創作的に表現するための『道具』として AI を使用して当該 AI 生成物を生み出したものと考えられることから、当該 AI 生成物には著作物性が認められ、その著作者は利用者となる。一方で、利用者の寄与が、創作的寄与とは認められないような簡単な指示にとどまる場合（AIのプログラムや学習済みモデルの作成者が著作者となる例外的な場合を除く）、当該 AI 生成物は、AI が自律的に生成した『AI 創作物』であると整理され、現行の著作権法上は著作物と認められないこととなる。」

　こうした整理からすれば、ChatGPT に対して、「宇宙人が出てくる小説を書いて」という簡単な指示をし、これに基づいて ChatGPT が作成した文章は、著作物ではありません。他方で、入力時により細かい場面設定を指示した場合、ChatGPT の利用者が、創作意図に基づき創作的寄与をしたと評価できることがあると考えられます。また、たとえ利用者の指示が簡単なものであったとしも、ChatGPT によりアウトプットされたものに対して創作的な寄与をして完成に至る場合も考えられ、この場合も、完成した文章は、著作物といえます。

　具体的にどのような「創作的寄与」があれば著作物性が肯定されるかについて、上記報告書には、「現時点で、具体的な方向性を決めることは難しい」旨記載されています。一方、「創作的寄与」の有無の評価方法について、「一般に使用者の行為には入力段階のみならず、その後の段階においても対話形式などにより各種の処理を行い、最終的に一定の出力がなされたものを選択して作品として固定するという段階があり、これらの一連の過程を総合的に評価する必要がある。」と記載されています。この評価方法を踏まえて、ChatGPT の利用者（ユーザー）の「創作的寄与」の有無を判断していくことになります。

他の問題（著作権侵害など）

　利用者（ユーザー）による簡単な指示に基づいてChatGPTが自律的に生成したものが著作権法による保護を受けないとしても、生成物が、学習データ中に含まれていた、他人の著作物と同一・類似している場合、当該生成物の利用が著作権侵害になるか（著作権侵害の成立要件の一つである**依拠性**についてどう考えるか）も問題です。具体的には、ChatGPTによる機械学習の段階で、あるクリエイターの著作物が学習され、それがパラメータ（学習実行後に獲得される値）として抽象化・断片化された後に、ChatGPTを利用する者が簡単な指示を行い、ChatGPTが自律的に生成したものが、前記クリエイターの著作物とそっくりであったときに、上記パラメータの中に当該著作物のコピーがないことから、「依拠性」を否定して著作権侵害を否定するのか、それとも、ChatGPTは、学習時に、クリエイターの著作物に触れているのであるから、「依拠性」を肯定して著作権侵害を認めるのかという問題があります。この問題については、見解が分かれて錯綜しています。もっとも、上で述べた場合と異なり、ChatGPTの利用者が具体的にある既存の著作物を指定し、それに似せた文章を出力させたような場合、「依拠性」が肯定されるであろうと考えます。

　このほか、機密情報の流出を懸念し、従業員にChatGPTの使用を禁止したり、その使用を制限したりする企業がでてきています。また、ChatGPTが学習したデータによっては、多数意見・社会的偏見が回答に反映されることがあり、その回答が不正確であったり、社会の一般的道徳観念に反するものであったりすることがあります。このような問題はあるものの、有用なテクノロジーを使い人手不足をカバーしながら発展していくという観点から、ChatGPT等のAI技術の価値は大きいものです。ChatGPTのメリットを利用するにあたり、ChatGPTのデメリットから生じるリスクを最小化するべく、社内のルール作りが大切です。千葉県デジタル改革推進局デジタル推進課作成の「ChatGPT等の生成AIの利用ガイドライン　第1.0版」や神戸市の「神戸市生成AIの利用ガイドライン　第1版（令和5年6月21日制

5

定)」などがルール作りの参考となるでしょう。

まとめ

　ChatGPTが作成した文章に著作権は発生するかに関し、人の創作的意図と創作的寄与があれば著作権が発生し、単にChatGPTに簡単な指示をするにとどまるなど、人の創作的寄与が認められない場合には、著作権が発生しないと整理できます。著作権者は、創作的寄与をした人であり、ChatGPTの利用者（ユーザー）です。

　まだまだ解決すべき問題があり、諸外国における整理にも注意を払いつつ、早急な論点整理が望まれます。また、ChatGPTを社内で利用する場合、ChatGPTのデメリットから生じるリスクを最小化するための社内のルール作りが大切です。

用語の解説

依拠性：著作権侵害が成立するための要件の一つであり、他人の著作物を知り、その表現形式を素材として使用することをいいます。作品の表現形式が偶然一致するにすぎない場合は著作権侵害になりません。

▼著作権法2条1項1号

（定義）
第2条　この法律において、次の各号に掲げる用語の意義は、当該各号に定めるところによる。
　1　著作物　思想又は感情を創作的に表現したものであつて、文芸、学術、美術又は音楽の範囲に属するものをいう。

4 画像生成AIを使うときに、どういった点に注意すべきかな？

Stable Diffusionなどといった画像生成AIを使う場合に、どういった点に注意すべきかな？

イラスト作成の依頼を受けて、イラスト作りに画像生成AIを利用する場合、AIが生成した画像には著作物性が認められないことが多く、こうした画像は独占利用できない画像だから、そのことを依頼人に伝えて、誤解が生じない形で取引を進めるべきだよ。AIへ指示するときは、特定の作品や作家、キャラクターの名前は入力しない方が安全だよ

画像生成AIによる生成物の保護

　人が作り出したものは、著作物として保護される場合がありますが、AIが作り出したものは、動物や自然が作り出したものと同様に、著作物として保護されません。もっとも、AIへの細かい指示や、AIが作成した画像に手を加えるといった、人の関与が想定でき、人による何らかの創作的な関与が肯定できる場合もあります。

　内閣に設置された機関である知的財産戦略本部は、平成29年3月付け「新たな情報財検討委員会報告書　―データ・人工知能（AI）の利活用促進による産業競争力強化の基盤となる知財システムの構築に向けて―」において、次のとおり整理します。

　「AI生成物を生み出す過程において、学習済みモデルの利用者に創作意

図があり、同時に、具体的な出力であるAI生成物を得るための創作的寄与があれば、利用者が思想感情を創作的に表現するための『道具』としてAIを使用して当該AI生成物を生み出したものと考えられることから、当該AI生成物には著作物性が認められ、その著作者は利用者となる。一方で、利用者の寄与が、創作的寄与とは認められないような簡単な指示にとどまる場合（AIのプログラムや学習済みモデルの作成者が著作者となる例外的な場合を除く）、当該AI生成物は、AIが自律的に生成した『AI創作物』であると整理され、現行の著作権法上は著作物と認められないこととなる。」

　画像生成AIによる生成画像について、人の創作的寄与の存在を認めさせる方法として、生成後の画像に対して全体的に人の手を加える方法が考えられます。微修正という程度では足りず、AIを下書き程度に使うイメージです。そうすることで、最終的な画像が著作物となり、他人による無断利用を阻止できます。

他の問題（取引上の注意点など）

　仮に、他人（依頼人）から、イラスト作成の依頼を受け、その作成に画像生成AIを利用し、そのことを秘して成果物として、依頼人に生成画像を納品し、依頼人が、その生成画像に著作物性があり独占できると信じ込んでビジネスを進めると問題です。

　なぜなら、納品した画像（イラスト）について、請負人による創作的寄与が認められない場合、その画像は著作権法上保護されず、第三者が自由に利用できることについて、依頼人と請負人との間で認識にずれが生じているからです。こうした事態を避けるべく、受発注にあたり、共通認識を形成しておくことが重要です。

　次に、人の創作的関与が認められない生成画像について、著作権法により保護されないとしても、当該生成画像の利用が、他人の著作権を侵害するこ

とはあります。

　著作権侵害を肯定するためには、**依拠性**という要件を満たす必要があります。画像生成AIの機械学習の段階で、あるクリエイターの著作物が学習され、それがパラメータ（学習実行後に獲得される値）として抽象化・断片化された後に、画像生成AIを利用する者が簡単な指示を行い、画像生成AIが自律的に生成したものが、前記クリエイターの著作物とそっくりであったときに、上記パラメータの中に当該著作物のコピーがないことから、「依拠性」を否定して著作権侵害を否定するのか、それとも、画像生成AIは、学習時に、クリエイターの著作物に触れているのであるから、「依拠性」を肯定して著作権侵害を認めるのかという問題があります。この問題については、見解が分かれて錯綜しています。もっとも、上で述べた場合と異なり、画像生成AIの利用者が具体的にある既存の著作物を指定し、それに似せた画像を出力させたような場合には、「依拠性」が肯定されるであろうと考えます。そのため、AIへの指示にあたり、特定の作品や作家、キャラクターの名前は入力しない方が安全です。生成後の画像について、利用前に、Google画像検索などを用いて、生成画像をアップロードして、似ているものがあれば、利用しないといった対応もリスク軽減につながります。

　このほか、具体的な表現を離れた画風それ自体は、著作権法が保護する対象ではないところ、特定のイラストレーターの画像ばかりをAIに学習させ、そのイラストレーターが長い年月をかけて築き上げてきた画風が一瞬にしてAIにまねされてしまうという事態が生じています。著作権法30条の4は、原則として、他人の著作物を機械学習など解析に利用できるとし、例外として、著作権者の利益を不当に害する場合は解析できないとしているところ、この「著作権者の利益を不当に害する場合」とはどういった場合かを明確にしていく必要があります。

まとめ

画像生成AIが作成した画像に著作権は発生するかについて、人の創作的

意図と創作的寄与があれば著作権が発生し、単に画像生成AIに簡単な指示をするにとどまるなど、人の創作的寄与が認められない場合には、著作権が発生しないと整理できます。

　まだまだ解決すべき問題があり、諸外国における整理にも注意を払いつつ、早急な論点整理が望まれます。画像生成AIを利用する場合、生成画像が著作物として保護されない場合があることを踏まえ、取引上のトラブルを未然に防ぐ措置を講じたり、侵害リスクを低いものとするべく、AIへの指示にあたり、特定の作品や作家、キャラクターの名前は入力しないといった配慮が大切です。

用語の解説

依拠性：著作権侵害が成立するための要件の一つであり、他人の著作物を知り、その表現形式を素材として使用することをいいます。作品の表現形式が偶然一致するにすぎない場合は著作権侵害になりません。

▼著作権法30条の4

（著作物に表現された思想又は感情の享受を目的としない利用）

第30条の4　著作物は、次に掲げる場合その他の当該著作物に表現された思想又は感情を自ら享受し又は他人に享受させることを目的としない場合には、その必要と認められる限度において、いずれの方法によるかを問わず、利用することができる。ただし、当該著作物の種類及び用途並びに当該利用の態様に照らし著作権者の利益を不当に害することとなる場合は、この限りでない。

1　著作物の録音、録画その他の利用に係る技術の開発又は実用化のための試験の用に供する場合

2　情報解析（多数の著作物その他の大量の情報から、当該情報を構成する言語、音、影像その他の要素に係る情報を抽出し、比較、分類その他の解析を行うことをいう。第47条の5第1項第2号において同じ。）の用に供する場合

3　前2号に掲げる場合のほか、著作物の表現についての人の知覚による認識を伴うことなく当該著作物を電子計算機による情報処理の過程における利用その他の利用（プログラムの著作物にあつては、当該著作物の電子計算機における実行を除く。）に供する場合

5 学術論文や書籍のアイデアをビジネスに利用していい？

他人の学術論文や書籍のアイデアを無断で利用してビジネスに利用して大丈夫？

著作権法はアイデアを保護しないから、著作権侵害のリスクはないよ。アイデアの無断利用については、特許権侵害のリスク検討が必要だよ

アイデアと著作権法

　著作権法2条1項1号は、「著作物」について、「思想または感情を創作的に表現したものであつて、文芸、学術、美術または音楽の範囲に属するものをいう。」と定義し、この「表現したもの」との文言から、著作権法は、「思想または感情」といったアイデアそれ自体を保護するものではなく、創作的な「表現」を保護するものと解されています。

　アイデアについて著作権法上の保護を否定する理由として、❶抽象的なアイデアの自由な利用を認め、具体的な表現についてのみ、著作権法による独占を認めることが、多種多様な作品の創出をもたらし、著作権法が目的とする文化の発展に資すること、❷アイデアについて特定人の独占を認めることは、著作権法と憲法上の表現の自由・学問の自由とが大幅に抵触することになりかねず、これらの自由の基本的な価値を守る必要があること、❸特許法は、アイデアを抽象的なレベルで保護するべく、「特許請求の範囲」の特定と特許公報による公示等を整備し、厳格な要件のもとで登録された場合にのみ、特許出願の日から20年に限ってアイデアの独占を認めることとする一方、著作権法は、創作と同時に登録なくして権利を発生させるもの

で、しかも保護期間が70年と長く、こうした著作権法で具体的な表現を離れた抽象的なアイデアを保護することは制度上予定されていないこと、が挙げられます。

最判平成13年6月28日民集55巻4号837頁は、原告の「北の波濤に唄う」と題する書籍中のプロローグと被告の「ほっかいどうスペシャル・遥かなるユーラシアの歌声 - 江差追分のルーツを求めて」と題する番組中のナレーションが、❶江差町がかつてニシン漁で栄え、そのにぎわいが「江戸にもない」といわれた豊かな町であったこと、❷現在ではニシンが去ってその面影はないこと、❸江差町では9月に江差追分全国大会が開かれ、年に1度、かつてのにぎわいを取り戻し、町は一気に活気づくことを表現している点で共通していた事案で、次のとおり述べて、被告による翻案権侵害を否定しました。

> 「既存の著作物に依拠して創作された著作物が、思想、感情もしくはアイデア、事実もしくは事件など表現それ自体でない部分または表現上の創作性がない部分において、既存の著作物と同一性を有するにすぎない場合には、翻案にはあたらない・・・ナレーションがプロローグと同一性を有する部分のうち、江差町がかつてニシン漁で栄え、そのにぎわいが『江戸にもない』といわれた豊かな町であったこと、現在ではニシンが去ってその面影はないことは、一般的知見に属し、江差町の紹介としてありふれた事実であって、表現それ自体ではない部分において同一性が認められるにすぎない。また、現在の江差町が最もにぎわうのが江差追分全国大会の時であるとすることが江差町民の一般的な考え方とは異なるもので原告に特有の認識ないしアイデアであるとしても、その認識自体は著作権法上保護されるべき表現とはいえ（ない）」

この判断に照らすと、アイデアや事実は、著作権法の保護対象ではありません。アイデアや事実が無断利用されても著作権侵害とはならず、創作性のある表現が無断利用された場合にはじめて、著作権侵害になります。

実際、大阪地判平成16年11月4日判時1898号117頁は、自然科学に関

する論文の著作物性が問題となった事案で、「自然科学上の知見」それ自体は表現ではなく、著作権法が保護する対象ではないため、当該知見の同一性を理由に著作権侵害を肯定することはできないが、当該知見が文章として表現され、その文章表現に論文作成者の個性が現れているときは、その表現が無断で利用された場合には、著作権侵害を肯定できると述べます。また、知財高判平成17年5月25日裁判所HP参照（平成17年（ネ）10038号）は、実験結果等のデータを一般的な手法で表現したグラフの著作物性が問題となった事案で、「実験結果等のデータ」自体は、事実またはアイデアであって、著作物ではなく、こうしたデータを一般的な手法で表現したグラフも、著作物ではないと判断しました。

　上記各判断からすると、「自然科学上の知見」や「実験結果等のデータ」は、アイデアや事実であって、著作権法が保護する対象ではありません。これらを無断で利用しても著作権侵害とはなりません。一方、アイデアや事実を文章にしたり、グラフにしたりする際に、ありふれた表現を使ったり、一般的な手法を使ったりするだけでなく、個性的な表現や手法を使って文章やグラフを表現したときは、その表現部分が著作権法による保護を受けます。この個性的な表現を無断で利用すると、（著作権法32条1項が定める引用等の権利制限規定の適用がない限り）著作権侵害となります。

アイデアと特許法

　アイデアは特許法で保護される場合があります。特許法は、登録要件を定めており、この要件を満たすアイデアが特許出願された場合に限り保護します。具体的要件は、❶産業上利用することができる発明であること（「自然法則を利用した技術的思想の創作のうち高度なもの」が「発明」とされています。）、❷新規性のある発明であること（客観的に新しい発明でなければ特許を受けることができません。）、❸進歩性のある発明であること（発明の属する技術の分野における通常の知識を有する者であれば、特許出願時に公知となっている技術の水準からして容易に考えつくことができる程度の発

明は、進歩性がないとして特許を受けることができません。）、❹先願の発明であること（発明の先後にかかわらず、特許庁に先に出願されている他人の特許出願の明細書等に開示されている発明と同一の発明については、特許を受けることができません。）、❺公序良俗を害するおそれのない発明であること（紙幣偽造機械など、法律で製造等が禁止されているものの発明は、特許を受けることができません。）です。

　学術論文等におけるアイデアが、上記の要件を満たすものとして登録がされている場合、当該アイデアを無断で実施すると、特許権侵害になります。

まとめ

　著作権法は、アイデアを保護しません。他人の学術論文や書籍のアイデアを無断でビジネスに利用しても、著作権侵害にはなりません。アイデアが、特許法で保護されている可能性はあり、特許権侵害のリスクを検討しておくべきです。

用語の解説

翻案：既存の著作物に依拠し、かつ、その表現上の本質的な特徴の同一性を維持しつつ、具体的表現に修正、増減、変更等を加えて、新たに思想または感情を創作的に表現することにより、これに接する者が既存の著作物の表現上の本質的な特徴を直接感得することのできる別の著作物を創作する行為をいいます。

▼著作権法2条1項1号

（定義）

第2条　この法律において、次の各号に掲げる用語の意義は、当該各号に定めるところによる。

　1　著作物　思想又は感情を創作的に表現したものであつて、文芸、学術、美術又は音楽の範囲に属するものをいう。

▼著作権法32条1項

（引用）

第32条　公表された著作物は、引用して利用することができる。この場合において、その引用は、公正な慣行に合致するものであり、かつ、報道、批評、研究その他の引用の目的上正当な範囲内で行なわれるものでなければならない。

5

6 荒野行動などのオンラインゲームやスマートフォンアプリのアカウントを売買する行為 (RMT) は合法なの?

オンラインゲームのアカウントを売買するサイトがあるけど、アカウントを売買する行為は著作権を侵害しないの?

ゲームのストーリーや内容を変更するものでなければ著作権を侵害しないよ。でも、ユーザーによるアカウントの売買は、利用規約によって禁止されていることが多いよ

RMTと著作権法

　オンラインゲームやスマートフォンアプリのアカウントを売買する行為は、RMT (Real Money Trade) と呼ばれています。第1章第1節で説明したとおり、著作権侵害とは、他人の著作物を無断で複製・インターネットに公開する行為、譲渡・貸与する行為、**二次的著作物**の制作・利用する行為などをいいますが、アカウントの売買自体は、これらの行為に該当しないため、現在の著作権法では著作権侵害に該当しません。なお、無断譲渡に関し、著作権法26条の2第2項1号において、一度市場で譲渡されたものについては、著作権者に無断で譲渡が可能となっています（古本の売買が合法であることと同じです。）。

　もっとも、アカウントを売買する行為、すなわちRMTは、オンラインゲームやスマートフォンアプリを提供する会社が定める利用規約によって禁止されていることが多いです。例えば、オンラインゲームとして人気の荒野行

動の利用規約では、「ユーザーは、弊社の事前の同意なく登録情報を第三者に利用させたり、貸与、譲渡、売買、質入、公開等をすることはできません。」としてアカウントの売買を禁止しています。東京地判平成26年9月3日裁判所HP参照（平成24年（ワ）30553号）では、ゲーム内で獲得したコインやアイテムを売買することを禁止する規定は消費者の権利を不当に制約するものではなく、有効である旨判示されています。このことから、オンラインゲームやスマートフォンアプリのアカウントを売買した場合、利用規約に基づいて、売買をしたユーザーの利用資格を停止するなどの措置が会社から取られてしまうことがあります。もっとも、利用規約は、ユーザー（売主）とゲーム会社との関係を規定するものですので、買主に対して、オンラインゲームを提供する会社が利用規約に基いた権利を直ちに主張することはできません。

　他方、アカウントの売買にとどまらず、ゲームのストーリーやキャラクターのパラメータを変更できるプログラムを売買する場合は、ゲーム会社の著作権や**著作者人格権**を侵害する行為になります。最判平成13年2月13日民集55巻1号87頁では、ゲーム主人公のパラメータを書き換えることが可能なメモリーカードを輸入・販売する行為が，ゲームソフトを改変し，著作者の有する著作者人格権（同一性保持権）を侵害するものとの判断がなされ，不法行為に基づく損害賠償責任が認められました。

5

その他の法律と会社側のとるべき対応

　RMTで売買するためアイテムやコインを不正に入手するためにBOTを利用したり、チート行為をすることは、使用態様によっては、オンラインゲームを提供する会社の業務を妨害するものとして、不法行為に基づく損害賠償責任（民法709条）や、電子計算機器等業務妨害罪（刑法234条の2）の犯罪が成立する可能性があります。

オンラインゲームを運営する会社の立場からすると、上記を踏まえた RMTに対する対策として、ユーザー側に対しては、利用規約でRMTを禁止 し、その旨を周知すること、RMTが発覚した場合はユーザーに対してIDを 停止するなどの厳しい措置をとること、容易にアカウント売買できないよう にゲーム設定を変更するという事実上の対策をとることが考えられます。

　多くのオンラインゲームを提供する会社が加盟する一般社団法人コン ピュータエンターテインメント協会（通称「CESA」）は、リアルマネートレー ド対策ガイドライン（2017年4月26日制定）を策定し、RMTに対する対応 を強化する指針を定めています。ガイドラインの内容自体は未だ抽象的な ものであり、今後RMTに対する対策はより具体化されていくものと思われ ます。

まとめ

　現在、オンラインゲームやスマートフォンアプリのアカウントの売買 （RMT）について明確に規制する法律はありません。ゲームやアプリを提供 する会社は、利用規約によってユーザーを制限しています。

用語の解説

二次的著作物：ある著作物（原作）をアレンジしたり、翻訳したり、変形した りして、原作に基づいて制作された別の著作物をいいます。二次的著作物を 制作したり、利用したりするには原作の著作権者の同意が必要です。
著作者人格権：著作物の著作者が作品に対して持つ思い入れや名誉権等の利 益を保護する権利です。❶著作物について無断で公表されないことを要求で きる「公表権」、❷著作物に名前を表示するかどうか、名前を表示する場合に 実名を表示するかどうかを決める権利である「氏名表示権」、❸著作物を無断 で改変されない権利である「同一性保持権」という3つの権利の総称です。

▼著作権法26条の2第2項1号

（譲渡権）

第26条の2　著作者は、その著作物（映画の著作物を除く。以下この条において同じ。）をその原作品又は複製物（映画の著作物において複製されている著作物にあつては、当該映画の著作物の複製物を除く。以下この条において同じ。）の譲渡により公衆に提供する権利を専有する。

2　前項の規定は、著作物の原作品又は複製物で次の各号のいずれかに該当するものの譲渡による場合には、適用しない。

　　1　前項に規定する権利を有する者又はその許諾を得た者により公衆に譲渡された著作物の原作品又は複製物

▼民法709条

（不法行為による損害賠償）

第709条　故意又は過失によって他人の権利又は法律上保護される利益を侵害した者は、これによって生じた損害を賠償する責任を負う。

▼刑法234条の2

（電子計算機損壊等業務妨害）

第234条の2　人の業務に使用する電子計算機若しくはその用に供する電磁的記録を損壊し、若しくは人の業務に使用する電子計算機に虚偽の情報若しくは不正な指令を与え、又はその他の方法により、電子計算機に使用目的に沿うべき動作をさせず、又は使用目的に反する動作をさせて、人の業務を妨害した者は、5年以下の懲役又は100万円以下の罰金に処する。

2　前項の罪の未遂は、罰する。

5

7 自由利用マークとクリエイティブ・コモンズ・ライセンスって何？

この前インターネットで検索した画像に、CCという マークがついていたんだけど、あのマークがついている 画像は自由に使っていいの？

クリエイティブ・コモンズ・ライセンスのマークのこと だね。あのマークは全部で6種類あって、マークごとに 利用できる範囲に違いがあるよ

自由利用マークとは？

　自由利用マークとは、文化庁が2003年に制定したもので、著作物を創った人（著作者）が、自分の著作物を他人に自由に使ってもらってよいと考える場合に、その意思を表示するためのマークです。著作者は、利用可能な範囲を3つパターンから選ぶことができ、利用可能な範囲に応じて3種類のマークがあります。なお、著作者が著作権を他者に譲渡している場合は、自由利用マークを付けるために当該他者（著作権者）の同意が必要です。

▼3種類の自由利用マーク

「プリントアウト・コピー・無料配布」OKマーク

「プリントアウト」「コピー」「無料配布」のみを認めるマーク
（変更、改変、加工、切除、部分利用、要約、翻訳、変形、翻案などは含まれません。
そのまま「プリントアウト」「コピー」「無料配布」をする場合に限られます）
（会社のパンフレットにコピーして配布することなどは、営利目的の利用ですが、無料配布であればできます）

「障害者のための非営利目的利用」OKマーク

障害者が使うことを目的とする場合に限り、コピー、送信、配布など、あらゆる非営利目的利用を認めるマーク
（変更、改変、加工、切除、部分利用、要約、翻訳、変形、翻案なども含まれます）

「学校教育のための非営利目的利用」OKマーク

学校の様々な活動で使うことを目的とする場合に限り、コピー、送信、配布など、あらゆる非営利目的利用を認めるマーク
（変更、改変、加工、切除、部分利用、要約、翻訳、変形、翻案なども含まれます）

出典：文化庁HP（https://www.bunka.go.jp/jiyuriyo/pamphlet.html）より

自由利用マークを付けることで、著作者にとっては、自分の創った著作物を多くの人に知ってもらいやすくなるメリットがあります。利用可能な範囲は上記の3パターンに限定されますが、マークには利用可能な期限をつけることができます。例えば、「使用期限：〜2025年12月」という記載があれば、その期限まで指定された方法で利用できます。著作物に著作者の名前が記載されている場合、利用者は、利用する際に著作者の名前を明記する必要があります（（名前の記述例）「○○○○氏作　自由利用マークにより利用しました」）。

5

クリエイティブ・コモンズ・ライセンスとは？

自由利用マークは文化庁が日本で制定したものですが、クリエイティブ・コモンズ・ライセンス（通称「CCライセンス」といいます。）は2001年に米国で作られたルールで、日本でも利用されています。自由利用マークと同様

に、著作者が「この条件を守れば作品を自由に使って構いません。」という意思表示をするためのマークで、特にインターネットでの作品の流通を広げることを目的としています。

　CCライセンスは全部で6種類あり、creative commonsのウェブサイト（https://creativecommons.org/choose/）で指定された選択肢を選択することでバナーを作成できます。「コモンズ証」というライセンスの簡単な解説のページのバナーと、「利用許諾条項」というライセンスの具体的な内容が記載されたページのリンクが貼られています。さらに、作成したCCライセンスのHTMLコードには、検索エンジンやアプリケーションなどで作品を見つけやすくするメタデータが埋め込まれています。

▼6種類のCCライセンス

CC BY

　原作者が求めるクレジット表示を行えば、営利目的の利用もOKですし、さらには改変することも許される、最も自由度の高いCCライセンスです。

CC BY-SA

　原作者が求めるクレジット表示を行えば、改変も、営利目的の利用もOKですが、改変した作品にも元の作品と同じCCライセンスをつけて公開することが条件です。

CC BY-ND

原作者が求めるクレジット表示をすれば、営利目的での利用が許されますが、元の作品の改変は許されません。

CC BY-NC

原作者が求めるクレジット表示をすれば、改変や改変した作品の再配布も可能です。ただし、非営利目的の利用に限られます。

CC BY-NC-SA

原作者が求めるクレジット表示をし、非営利目的利用の場合に限り、改変や再配布が許されます。改変を行った場合には、元の作品と同じ組み合わせのCCライセンスで公開する必要があります。

CC BY-NC-ND

原作者が求めるクレジットを表示し、非営利利用の場合であって、かつ、元の作品を改変しないことを条件として、作品の自由な再配布を認めるものです。

これらのライセンスのほかに、まだ著作権保護期間内にある著作物の著作者と著作権者がすべての権利を放棄する「CC0」という表示があります。CCライセンスと異なり、CC0にはどんな制約もありません。**パブリックド**

5

メインの作品と同じように、帰属を明示しなくとも、誰でも自由に利用できます。

▼CC0

PUBLIC DOMAIN

まとめ

　自由な利用を認めるマークとして、日本発祥の「自由利用マーク」と米国発祥の「クリエイティブ・コモンズ・ライセンス」のマークがあります。マークの種類に応じて、利用できる範囲や利用方法に違いがあります。作品の利用の幅が広がり、作品の流通拡大と文化の発展に寄与することが期待されています。

用語の解説

パブリックドメイン：著作権により保護されていた著作物が、著作権の保護期間を経過して社会の公共財産になり、誰でも自由に利用できるようになったものをいいます。

8 NFTには著作権が発生するの？ NFTは著作権と関係があるの？

NFTってどんなものなの？　著作権と関係はあるの？

NFTは著作権とは別の概念だよ。NFTはnon-fungible token（非代替性トークン）の略称で、これまで希少価値を持たせて売買することが困難であったデジタルアートについて、取引の道を切り開いたものなんだ

NFTと著作権

　NFTとは、non-fungible token（非代替性トークン）の略称で、**ブロックチェーン**上に記録される代替不可能なデータ単位で、そのデータに固有の意味を持たせたものです。画像、動画、音声などのデジタルファイルは著作権で保護されるものの、容易に複製が可能という特徴を持ちます。これらのデジタルデータの創作者は、作品を事業者の提供するプラットフォームにアップロードするなど所定の手続を踏むことで、作品に紐づいたNFTを発行することができます。創作者は、NFTを購入希望者に売却することで、デジタルデータの作品に希少価値を持たせて売却することが可能となります。

　それではNFTには実際にどのような利点があるのでしょうか。NFTを発行したデジタルアートの売買と、デジタル作品ではない絵画の売買を比較してみましょう。まず、絵画を売買した場合は、絵画の所有権が購入者に移ります。しかし、絵画の著作権については、著作権を譲渡するという別の契約をしない限りは絵画の創作者に残ることになります。一方、民法において

所有権が発生するのは実際に存在する物に限られるところ、データである
デジタルアートについては所有権は発生しません。そのため、デジタルアー
トの所有権を売買することができません。NFTを発行して売却することで、
デジタルアートの希少価値を売却することが可能となります。デジタル
アートの著作権については、絵画と同様にデジタルアートの創作者に残り
ます。

　このことを表に表すと、次のとおりです。

▼絵画の売買とデジタルアートの売買の比較

絵画の売買	デジタルアートの売買
所有権が購入者に移転する。	データには所有権が発生しない。
絵画は1つしかないため、NFTを発行しなくとも、希少価値を持たせた売却が可能。	複製が容易なので、NFTを発行することでデジタルアートの希少価値を持たせた売却が可能となる。
著作権は創作者に残る。	著作権は創作者に残る。

　以上のとおり、NFTは、著作権とは別の概念であり、希少価値のないデジ
タルアートに希少価値を付与する機能を有するものです。

NFTの課題

　NFTは著作権とは別の概念となりますので、デジタルアートのNFTを売
却した創作者は、そのアートの著作権を別の人に譲渡（売却）することが可
能です。著作権には、作品の複製やインターネットでの公開を独占する権利
がありますので、NFTの購入者は、せっかくNFTを購入したにもかかわら
ず、著作権を譲り受けた人から、そのアートをインターネットで公開するな
と言われてしまうリスクがあります。また、NFT付きデジタルアートだけを
購入した人は、せっかく購入したのに、著作権を譲り受けた人に対し、公開
を止めろという権利を持ちません。そのため、デジタルアートのNFTを購
入する方は、NFTを購入することでどのような権利を有することになるの

か（著作権の譲渡も含まれているのか、利用規約上他の人に著作権を譲渡することができない仕組になっているのか）を十分に確認したうえで、購入する必要があります。

著作権の移転は、登録しなければ、第三者に対抗することができないため（著作権法77条1号）、著作権を譲り受けた場合、移転登録を行うべきです。

NFTはデジタルアートの創作者がプラットフォームなどに作品をアップロードするなどして、複数の別のNFTを発行することが可能です。NFTの購入者は、自身の購入するNFTが唯一のものなのか、他にもNFTが発行されているのかをきちんと把握したうえで、購入する必要があります。

最後に、自分が制作したデジタルアートに対して、他人が勝手にNFTを発行する行為は著作権侵害にあたるのでしょうか？　現状は、NFTを著作権者に無断で発行する行為は、著作物の複製や**二次的著作物**の制作に該当するとは考えられておらず、著作権法に違反するとは言えません。今後NFTの流通が増えていくにつれて、NFTに関する権利も著作権法で規定される可能性はあります。

5

まとめ

NFTは、希少価値の売買が困難であったデジタルアートにおいて、流通の道を開いた画期的な機能を有している一方で、著作権が別途売買されてしまう問題や、複数のNFTが発行されてしまう問題があるなど、多くの課題が残っています。

用語の解説

ブロックチェーン：「ブロック」と呼ばれるデータの単位を生成し、鎖（チェーン）のように連結していくことによりデータを保管するデータベースのことをいいます。一度記録されたブロックのデータは、後続のすべてのブロックを変更しない限り、遡及的に変更することはできないとされており、データの

改変が困難となっています。

二次的著作物：ある著作物（原作）をアレンジしたり、翻訳したり、変形したりして、原作に基づいて制作された別の著作物をいいます。二次的著作物を制作したり、利用したりするには原作の著作権者の同意が必要です。

▼著作権法77条1号

（著作権の登録）

第77条　次に掲げる事項は、登録しなければ、第三者に対抗することができない。

　1　著作権の移転若しくは信託による変更又は処分の制限

〜省略〜

索引

237

著者プロフィール

山本特許法律事務所　東京オフィスパートナー
弁護士
三坂　和也（みさか　かずや）

2007 年早稲田大学法学部卒業、2010 年早稲田大学法科大学院卒業、同年司法試験合格。2011 年弁護士登録。2020 年カリフォルニア大学バークレー校ロースクール卒業（LL.M.）。大手製薬企業の企業内弁護士兼知的財産部員として、海外の企業との大規模な契約、医薬品医療機器等法の規制対応、特許訴訟、知財戦略などを担当し、2017 年に山本特許法律事務所に入所。山本特許法律事務所に入所後は、大企業の契約案件や知財紛争を対応する弁護士として従事。2019 年から 2 年間の米国留学を経て、2021 年 10月に山本特許法律事務所のパートナー弁護士として東京オフィスを立ち上げる。現在は主に IT 業界や EC 業界の企業を中心に、著作権、商標、特許に関する知財戦略の相談や紛争対応、契約書作成、M&A まで、幅広く対応している。

山本特許法律事務所
弁護士
井髙　将斗（いだか　まさと）

2005 年同志社大学商学部卒業、2009 年神戸学院大学法科大学院卒業、2011 年司法試験合格。2013 年弁護士登録。同年に山本特許法律事務所に入所。入所後は、国内外の企業の知財権の取得や知財紛争を対応する弁護士として従事。2018 年より日本商標協会・関西支部幹事。著作権、商標、意匠、不正競争防止法の相談や紛争対応、契約書作成に関わるほか、著作権・商標等の申請・出願から権利行使まで、幅広く対応している。特に、商標と著作権を専門とし、商標・著作権チームをリーダーとして牽引している。

カバーデザイン・イラスト　mammoth.

著作権のツボとコツが
ゼッタイにわかる本

| 発行日 | 2023年11月 6日 | 第1版第1刷 |
| | 2024年 7月17日 | 第1版第2刷 |

著　者　三坂　和也／井髙　将斗

発行者　斉藤　和邦
発行所　株式会社秀和システム
　　　　〒135-0016
　　　　東京都江東区東陽2-4-2　新宮ビル2F
　　　　Tel 03-6264-3105（販売）Fax 03-6264-3094
印刷所　三松堂印刷株式会社　　　Printed in Japan

ISBN978-4-7980-7062-9 C0032